CONVERSACION ELEMENTAL
DE ESPANOL

기초 스페인어 회화

윤 석 영 저

신아사

머 리 말

우리는 역사적인 대망의 2000년대를 지향하면서 살고 있다. 다시 말해 우리는 21세기의 문턱에서 국제적으로 과거 다른 어느 때보다도 복잡하고 다양하게 변모하고 있는 국제 정세 속에서 살고 있다고 하겠다. 이러한 상황하에서 우리 나라의 국력을 가일층 신장시키고 국익을 추구하며 국제 사회에서 우리의 존재를 부각시키고 우리의 확고한 지위를 향상시키기 위해서는 보다 적극적인 해외 진출이 필요하며 이를 달성하기 위하여는 무엇보다도 외국어의 중요성이 강조되어야 할 것이다. 몇 가지 주요 국제어 중에서도 특히 약 3억의 인구가 오늘날 20여 개국에서 광범위하게 사용하고 있는 스페인어의 중요성은 우리 국내에서도 날이 갈수록 크게 강조되고 있음은 주지의 사실로서 스페인어를 연구하고 가르치고 있는 한 사람으로서 대단히 고무적인 현상이라 아니 할 수 없다.

스페인과 멕시코 이남 스페인어 사용 중남미 제국은 우리에게 무한한 동경의 대상인 동시에 이들 여러 나라가 갖고 있는 방대한 천연자원과 잠재력 그리고 발전 가능성은 선진 조국 창조에 박차를 가하고 있는 우리 나라와의 긴밀한 협력 관계의 심화라는 차원에서도 동지역에 대한 비중이 너무나도 크다는 것을 공감할 수 있을 것이다. 더우기 불과 3년밖에 남지 않은 88 서울 올림픽이란 세기적인 대 국제 스포츠 체전을 목전에 두고 이의 성공적인 개최에 우리 모두가 만반의 준비를 갖추어 가고 있는 이 때에 본서를 집필, 출간하게 된 것은 커다란 의미가 있다고 생각한다. 이젠 국내에서도 전국 8개 대학에 10개 스페인어 또는 스페인 문학과가 설치되어 스페인어 보급이 활발하게 이루어지고 있으며 스페인어에 대한 일반의 관심도가 크게 높아져 가고 있음은 다행스러운 일이라 하겠다. 본서는 초급 수준의 스페인어 회화책으로서 학생은 물론 스페인어를 공부하고자 하는 일반에게도 좋은 길잡이가 되기를 희망하며, 끝으로 본서의 출간을 쾌락하여 주신 新雅社의 鄭錫均 사장께 깊은 감사를 표하면서 머리말에 가름하고자 한다.

1985년 4월

著者 尹 錫榮 識

TABLA DE MATERIAS

알아 둘 사항

이 책의 본문에 들어가기에 앞서 몇 가지 예비 지식으로 알아 둘 사항에 대하여 설명하려고 한다. 오늘날 스페인어, 서반아어, 서어 또는 에스빠냐어 (el español)로 불리우는 말은 원래 라틴어를 모체로 하여 생성된 스페인의 Castilla 지방의 언어이다. 따라서 스페인어 사용 제국 일부에서는 el castellano라 칭하는 이유도 바로 이 때문이다. el español은 스페인 외에 브라질등을 제외한 대부분 중남미 제국의 국어로서 우리가 스페인어를 모르고서는 이들 지역을 여행하기가 매우 곤란을 받을 정도이다. 우리가 잘 알고 있는 불후의 명작 *DON QUIJOTE*(Miguel de Cervantes 著)도 바로 스페인어로 씌어진 대표적인 작품들 가운데 하나이다. 뿐만 아니라, 스페인어는 오늘날 5개 U.N. 공용어 중의 하나로서 그것이 차지하고 있는 비중은 자못 크다 하겠다.

1. 스페인어의 자모

스페인어의 자모(alfabeto)는 다음과 같이 30개의 문자(letras)로 구성되어 있다.

A(a) B(be) C(ce) CH(che) D(de) E(e) F(efe) G(ge)
H(hache) I(i) J(jota) K(ka) L(ele) LL(elle) M(eme) N(ene)
Ñ(eñe) O(o) P(pe) Q(cu) R(ere) RR(erre) S(ese) T(te)
U(u) V(ve) W(ve doble) X(equis) Y(i griega 또는 ye)
Z(zeta)

이상과 같으며, 이는 영어와 프랑스어의 자모가 26자인 데 비해 4개가 더 많은 것으로서 ch, ll, rr가 별도 자모로 되어 있고 ñ란 특이한 문자가 따로 있다. k와 w는 스페인어에서 외래어 표기에만 쓰인다. 위의 소개에서 모두 대문자로만 적었지만 RR자는 실제적으로는 소문자로만 쓰인다.

2. 스페인어의 발음

이제 스페인어의 발음에 대하여 약술하기로 한다. h자(항상 무음임)를 제외하고는 스페인어의 발음, 특히 모음은 일정하게 발음된다. 독습이나 자습을 통해 외국어를 정확히 발음하기란 어려우나 예를 들어가면서 스페인어 발음을 살펴보기로 하자.

a, e, i, o, u는 모음으로서 각각 〈아, 에, 이, 오, 우〉의 음가를 갖고 있다. 이 중에서 a, e, o는 강모음이며, 나머지 i, u는 약모음이다.

b는 대략 〈ㅂ〉과 같이 발음하면 된다 : boca(보까 : 입) beber(베베르 : 마시다) pueblo(뿌에블로 : 국민, 읍)

c는 a, o, u 앞에서는 대략 〈ㄲ〉처럼 발음된다 : casa(까사 : 집) cosa(꼬사 : 물건) cuna(꾸나 : 요람) 그리고 e, i 앞에서는 스페인 본토에서는 영어에서는 '*think*'란 단어의 'th'음처럼 발음되는 데 반해 중남미에서는 'so'의 's'처럼 발음된다 : cero(세로 : 영) cita(시따 : 약속)

ch는 독립된 자모로서 항상 우리말의 〈ㅊ〉처럼 발음된다 : mucho(무초 : 많은) muchacho(무차초 : 소년)

d는 우리말의 〈ㄷ〉 비슷하게 발음되며 모음 사이에 올 때에는 약하게 발음된다 : dar(다르 : 주다) dedo(데도 : 손가락) ciudad(시우닫 : 도시)

f는 영어의 f처럼 발음된다 : falta(활따 : 결점, 부족) defender(데휀데르 : 방어하다)

g는 a, o, u 앞에서는 〈ㄱ〉처럼 발음된다 : gato(가또 : 고양이) gota(고따 : 물방울) 그리고 e와 i 앞에서는 〈ㅎ〉으로 발음된다 : gente(헨떼 : 사람들) gitano(히따노 : 집시) 단 이 경우에도 중간에 u자가 삽입되면 〈ㄱ〉처럼 발음된다 : guerra(게라 : 전쟁) guitarra(기따라 : 기타아) (위의 경우 u는 발음되지 않음)

h는 언제나 무음이다 : hotel(오뗄 : 호텔) ahora(아오라 : 지금)

j는 영어의 h보다 강한 발음이다 : Juan(후안 : 남자 이름) lejos(레호스 : 멀리)

k는 외래어에서만 쓰이며 〈ㄲ〉과 유사한 발음이다 : kilogramo(낄로그라모 : kg)

l자는 영어의 'l'처럼 발음하며 우리말로 표기하기가 반드시 쉽지는 않다 : libro(리브로 : 책) isla(이슬라 : 섬)

ll는 스페인 본토에서는 million의 중간 발음과 비슷하며 Castilla(까스띨랴), 중남미에서는 〈까스띠야〉 즉 영어의 'y'처럼 발음된다. calle(깔례 : 거리) 까예(중남미식 발음)

m은 〈ㅁ〉과 비슷하다 : mamá(마마 : 엄마) mano(마노 : 손) nombre(놈브레 : 이름)

n는 〈ㄴ〉처럼 발음된다 : número(누메로 : 숫자) pan(빤 : 빵) dónde(돈데 : 어디에 ?)

ñ 는 우리말의 〈냐〉의 첫음처럼 발음된다 : niño(니뇨 : 어린이) señor (세뇨르 : 신사, 선생님)

p 는 우리말의 〈ㅃ〉과 비슷하게 발음된다 : pero(뻬로 : 그러나) pintar (삔따르 : 칠하다)

q 는 단독으로 쓰이지 않고 u를 동반, e와 i 자와 함께 쓰이며, 〈ㄲ〉과 비슷한 발음이다. queso(께소 : 치이즈) quinta(낀따 : 별장)

r 는 〈르〉처럼 발음된다 : servir(세르비르 : 봉사하다) grupo(그루뽀: 단체)

rr 는 r 자가 두음일 경우 또는 중간에 놓일 때 굴리는 발음으로서 우리말로 표기하기가 매우 어렵다 : perro(뻬르로 : 개) rojo(로호 : 빨간) arriba(아르리바 : 위에)

s 는 영어의 '*some*'에서 s 발음에 해당된다 : siglo(시글로 : 세기) lunes(루네스 : 월요일) así(아씨 : 이렇게) sesenta(세센따 : 60) sol(솔: 태양)

t 는 우리말의 〈ㄸ〉발음과 비슷하다 : tango(땅고 : 탱고) tinta(띤따: 잉크) todo(또도 : 모든)

v 는 b의 음가와 마찬가지다 : vida(비다 : 생활) vivir(비비르 : 살다) uva(우바 : 포도)

x 는 모음 사이에서는 〈ㄱㅅ〉처럼 발음된다 : examen(에그사멘 : 시험) existir(에그시스띠르 : 존재하다)

또한 자음 앞에서는 〈s〉처럼 발음된다 : explicar(에스쁠리까르 : 설명하다)

y 는 영어의 y처럼 발음한다 : yo(요 : 나) ayer(아예르 : 어제)

z 는 스페인 본토에서는 '*think*'의 'th'처럼, 그리고 중남미에서는 's'처음 발음된다 : taza(따사 : 잔) paz(빠스 : 평화) zapato(사빠또 : 구두) riqueza(리께사 : 부) cruz(끄루스 : 십자가)

이밖에 이중 모음 등 중모음과 음절 분해(일명 분철) 등은 지면 관계로 생략하기로 한다.

스페인어에서는 한 가지 종류의 액센트(')가 있으며, 모음 위에 찍는다.

스페인어에는 또한 diéresis란 부호가 있어 (¨), 모음 u위에 찍으며 이는 발음이 되지 않는 u를 발음해 주라는 표시이다. guerra(게르라 : 전쟁)의 경우 u가 발음되지 않으나 vergüenza는 〈베르겐사〉가 아니라 〈베르궨사(수치의 뜻)〉로서 u를 발음해야만 하는 바, 이는 독일어의

umlaut와 그 부호가 동형이다.

스페인어에서는 의문문과 감탄문에서 거꾸로 된 의문부호와 감탄부호를 각각 앞에 붙이는 특징을 갖고 있으니 유의하기 바란다.

¿Viene usted esta tarde? 당신은 오늘 오후에 오십니까?

¡Qué lástima! 그것 참 유감입니다!

그리고 본서에서는 규칙 및 불규칙 동사 변화표를 생략하니 각종 사전을 참고하기 바란다. 다만 한 가지 강조해 두고 싶은 것은 스페인어에서는 동사 시제가 많고 그 변화가 대난히 많고 복잡하므로 특히 동사 변화에 신경을 써서 평소 때 이를 완전히 암기 및 숙지해 둔다면 스페인어를 빨리 master할 수 있는 지름길이 될 수 있다는 점을 각별히 지적해 둔다. 이 책에서는 접속법 현재시제까지만을 다루었으며 어디까지나 회화에 중점을 두었으니 가급적 다독과 연습을 통하여 문장을 암기할 수 있도록 힘써 주길 바란다. 각 과의 〈질문〉에 대한 해답은 뒤에 나와 있는 부록을 참조하기 바란다.

2. 예비 학과

본문에 들어가기 전에 우선 일상 쓰이는 회화 문장을 소개하기로 한다.

〈제 1 일〉

a.)

A : Buenos días. 안녕하십니까? (오전 인사)

B : Buenos, señor. 선생님, 안녕하십니까?

A : ¿Cómo está usted? 당신은 안녕하십니까?

B : Muy bien, gracias. 아주 잘 있읍니다. 감사합니다.

b.)

C : Buenas tardes. 안녕하십니까? (오후 인사)

D : Buenas tardes. 안녕하십니까?

C : ¿Cómo está usted? 당신은 안녕하십니까?

D : Muy bien, gracias. ¿Y usted?

아주 잘 있읍니다. 감사합니다. 그리고 당신은?

C : Muy bien, gracias. 아주 잘 있읍니다. 감사합니다.

D : Adiós. 안녕히 계십시오.

C : Adiós. Hasta mañana. 안녕히 가십시오. 내일 또 만납시다.

〈제 2 일〉

a.)

E : Buenos días, alumnos. 학생 여러분, 안녕하세요?

F : Buenos días, profesor Kim. 안녕하십니까, 김교수님?

E : Voy a pasar la lista ahora. Lee Kil-dog…
이제 출석을 부르겠어요, 이 길동…

G : Presente. 네. (presente는 출석을 부를 때 호명에 대답하는 말임)

b.)

E : ¿Cómo se llama usted? 당신 이름이 무엇이오?

H : Me llamo Park Su-chol. 제 이름은 박 수철입니다.

E : ¿Y cómo se llama usted, señorita?
그리고, 아가씨, 당신의 이름은 무엇이오?

I : Me llamo Choi In-sook, profesor.
교수님, 제 이름은 최 인숙입니다.

c.)

E : ¿Qué es esto? 이것은 무엇인가요?

J : Es el libro. 그것은 책입니다.

E : ¿Qué es esto? 이것은 무엇인가요?

C : Es la pluma. 그것은 펜입니다.

〈제 3 일〉

a.)

K : ¿Qué es esto? 이것은 무엇인가요?

L : Es una mesa. 그것은 〔하나의〕 테이블입니다.

K : ¿Y qué es eso? 그리고, 그것은 무엇인가요?

M : Es una puerta. 그것은 〔하나의〕 문입니다.

K : ¿Qué es eso? 그것은 무엇인가요?

N : Es un cuadro. 그것은 〔하나의〕 그림입니다.

K : ¿Qué es esto? 이것은 무엇인가요?

L : Es un mapa. 그것은 〔하나의〕 지도입니다.

b.)

K : ¿Tiene usted un libro? 당신은 〔한 권의〕 책을 갖고 있나요?

L : Sí, tengo un libro. 네, 저는 〔한 권의〕 책을 갖고 있읍니다.

K : ¿Tiene usted una pluma? 당신은 〔하나의〕 펜을 갖고 있나요?

M : Sí, tengo una pluma. 네, 저는 〔하나의〕 펜을 갖고 있읍니다.
K : ¿Tiene usted un lápiz? 당신은 〔하나의〕 연필을 갖고 있나요?
N : Sí, tengo un lápiz. 네, 저는 〔하나의〕 연필을 갖고 있읍니다.

〈제 4 일〉

a.)

A : ¿Dónde vive usted? 당신은 어디 사시지요?
B : Vivo en Seúl. 저는 서울에 삽니다.
A : ¿Y dónde vive usted? 그리고 당신은 어디에 살지요?
C : Vivo en Inchon. 저는 인천에 삽니다.

b.)

A : ¿Tiene usted hermanos? 당신은 형제들이 있읍니까?
B : Sí, señor, tengo un hermano y una hermana.
네, 선생님. 저는 형제가 한 사람, 그리고 자매가 한 사람 있읍니다.
A : ¿Cómo se llama su hermano?
당신 형〔동생〕의 이름은 무엇인가요?
B : Mi hermano se llama Inse. 제 형〔동생〕의 이름은 인세입니다.
A : ¿Y cómo se llama su hermana?
그리고, 당신 누나〔여동생〕의 이름은 무엇이지요?
B : Mi hermana se llama In-ae.
제 누나〔여동생〕의 이름은 인애입니다.

c.)

A : ¿Tiene usted un perro? 당신은 개가 한 마리 있읍니까?
B : Sí, señor, tengo un perro. 네, 저는 개가 한 마리 있읍니다.
A : ¿Cómo se llama su perro? 당신 개의 이름은 무엇인가요?
B : Se llama Baduki. 바둑이라고 합니다.
A : ¿Tiene usted un gato? 당신은 고양이 한 마리가 있읍니까?
B : No, señor, no tengo gato.
아니오, 선생님, 저는 고양이가 없읍니다.

〈제 5 일〉

O : ¿Toma usted café en el desayuno?
당신은 아침 식사에 코오피를 드십니까?
P : No, señora, tomo chocolate y pan tostado.
아니오, 부인, 저는 초컬릿과 토스트를 먹습니다.

O : ¿Usted también toma chocolate? 당신도 역시 초컬릿을 드십니까?

Q : No, señora, generalmente tomo leche.

아니오, 부인, 저는 대개 우유를 듭니다.

O : ¿Toma usted chocolate o leche?

당신은 초컬릿을 듭니까, 아니면 우유를 듭니까?

R : Tomo té con limón y azúcar y pan.

저는 레몬과 설탕을 탄 차(茶)와 빵을 듭니다.

O : ¿Toma usted té? 당신은 차를 드십니까?

S : No, señora, tomo chocolate, frutas, cereal con crema y pan tostado.

아니오, 부인, 저는 초컬릿과 과일, 크리임을 탄 곡류, 그리고 토스트를 듭니다.

O : ¡Qué desayuno! 무슨 아침 식사가 그렇담?

마드리드의 레티로 공원

LECCION PRIMERA

¿Habla usted español?

Sr. López : ¿Cómo se llama usted[1], señorita?

María : Me llamo María, señor.

Sr. [2]*L.* : Gracias. ¿Habla usted español?

M. : Sí, señor, hablo un poco, pero no muy bien.

Sr. L. : ¿También habla usted inglés y francés?

M. : Hablo inglés, pero francés, no.

Sr. L. : Teresa, ¿practica usted mucho?

Teresa : Sí, señor, Practico mucho con María.

Sr. L. : ¿Habla usted alemán?

T. : No, señor, no hablo alemán.

Sr. L. : José, ¿qué hablan en el Brasil?

José : Allí hablan portugués.

Sr. L. : ¿Y qué hablan en España? ¿Hablan inglés?

J. : No, señor, en España no hablan inglés; hablan español. En los Estados Unidos hablan inglés.

Sr. L. : Pedro, ¿habla usted ruso o italiano?

Pedro : No, señor, hablo inglés y francés.

Sr. L. : ¿Practica usted con José?

P. : Sí, señor, practico con José; también con María y con Teresa. Los tres practican mucho y hablan bien.

① usted는 영어의 'you'에 해당되는 즉, 〈당신〉이란 인칭대명사의 존칭형으로서(친칭형은 tú임), 약자로는 Ud. 또는 Vd.로 쓰인다.

② Sr.는 영어의 Mr.(…씨)에 해당되는 señor의 약자이고, Sra.는 Mrs.(…부인)에 해당되는 señora의 약자이며, Srta.는 Miss(…양)에 해당하는 señorita의 약자로서 직접 호칭의 경우를 제외하고는 스페인어에서는 앞에 각각 해당 정관사 el, la, la를 붙여야 한다.

※ 어휘 (Vocabularios)

1. **명사** : el alemán(독일어, 독일인) España(스페인) el español(스페인어, 스페인 사람〔남자〕) el francés(프랑스어, 프랑스인〔남자〕) el inglés(영어, 영국인〔남자〕) el italiano(이탈리아어, 이탈리아인〔남자〕) el Brasil(브라질) María(여자 이름) José(남자 이름) Pedro(남자 이름) el portugués(포르투갈어 또는 포르투갈인〔남자〕) el ruso(러시아어 또는 소련인〔남자〕) Teresa(여자 이름)

2. **동사** : hablar(말하다) practicar(연습하다, 실습하다) llamar(부르다) llamarse(이름이 …이다)

   참고 llamar는 타동사이며 llamarse는 재귀동사라고 칭한다. 후자는 〈이름이 …이다〉라는 뜻으로 스페인어에서 흔히 쓰이는 표현이다. 예를 들면 〈당신의 이름은 무엇입니까?〉라는 질문(영어로 "*What is your name?*"에 해당)은 스페인어로는 "¿Cómo se llama usted?"라고 표현되며 〈내 이름은 김 길동입니다.〉라는 대답은 "Me llamo Kim Kil-dong."이라고 표현된다.

3. **기타 단어** : lección primera(제 1 과) los Estados Unidos(미국 : 약자로는 EE. UU.라고 함) tres(셋, 3) un poco(약간, 조금 : 긍정적인 뜻이며, poco는 부정적인 뜻임에 유의할 것) allí(거기에서는) bien(잘) ¿cómo?(어떻게?, 무엇?) con(…와 함께) en(…에서는) gracias(감사합니다 : 반드시 복수형을 쓸 것) mucho(많이, 열심히, 많은) no(아니오, …하지 않다 : 부정사앞) o(혹은, 또는, 아니면) pero(그러나) ¿qué?(무엇?, 어느 것) señor(…씨, 선생님〔존대어로서〕, 신사) señora(…부인, 사모님) señorita(…양, 아가씨) sí(네 : 영어의 *yes*에

해당) también(또한, 역시) usted(당신) y(그리고, …와)

※ 문법(Gramática)

1. 스페인어에서 부정문은 조동사가 필요없이 동사 앞에 부정사 no만 붙이면 된다.

   No hablo francés. 나는 프랑스어를 말하지 못한다.

2. 의문문 역시 조동사가 필요 없으며 스페인어에서는 문두에 거꾸로 된 의문 부호를 붙여야만 하는 것이 특징이다.

3. 스페인어에서는 언어의 이름 앞에 남성 단수 정관사인 el을 붙이며 언어명은 영어와는 달리 소문자로 쓴다. 또 hablar(말하다) 동사 다음에 수식 부사가 없는 언어의 이름이 올 때에는 위에 말한 정관사를 쓰지 않는다.

   Estudio el español. 나는 스페인어를 공부한다.

   No hablo español todavía. 나는 아직 스페인어를 하지 못한다.

4. 위에 소개된 hablar, practicar, llamar, estudiar처럼 어미가 -ar로 끝나는 동사를 일컬어 제 1변화동사라고 한다.

투우사의 퍼레이드

LECCION DOS

¿Qué estudia usted?

Sr. Gómez : ¿Qué libro tiene usted, Carmen?

Carmen : Tengo el libro de español.

Sr. G. : ¿Trabaja usted mucho?

C. : Sí, señor, trabajo mucho todos los días.

Sr. G. : ¿Prepara usted la lección en la clase de español?

C. : No, señor, siempre preparo la lección de español en casa.

Sr. G. : Juan, ¿dónde estudia usted?

Juan : Yo también estudio mucho en casa. Siempre practico todas las palabras y todas las frases.

Sr. G. : ¿Habla usted con la profesora de inglés?

J. : No, señor, no hablo con la profesora de inglés. Hablo con los profesores de español.

Sr. G. : ¿No habla usted con los alumnos?

J. : ¡Cómo no! Siempre hablo con todos los alumnos.

Sr. G. : ¿Solamente con los alumnos?
J. : No, señor, también con las alumnas.
Sr. G. : Enrique, ¿qué estudia usted?
Enrique : Estudio el español, el inglés, la historia y las matemáticas, y también tengo clase de gimnasia.
Sr. G. : ¿Qué estudia usted, Alfredo?
Alfredo : Estudio el español, el inglés, la biología, la geometría y la música.
Sr. G. : ¿No estudia usted la historia?
A. : No, señor, tengo solamente cinco clases.
Sr. G. : ¿Qué lenguas estudian en España?
A. : En España los alumnos estudian el inglés, pero hablan español.

※ 어휘 (**Vocabularios**)

1. **명사** : Alfredo(남자 이름) la alumna(여학생) el alumno(남학생) la biología(생물) Carmen(여자 이름) la casa(집) la clase(수업, 교실) el día(날, 낮) Enrique(남자 이름) la frase(문장) la geometría(기하) la gimnasia(체조) la historia(역사) Juan(남자 이름) la lección(과, 학과 ; 복수는 lecciones) la lengua(언어, 혀) el libro(책) las matemáticas(수학) la música(음악) la palabra(단어) el profesor(교수) la profesora(여교수)

2. **기타 단어** : cinco(5, 다섯) de(…의, …로부터, …에 관해 : 전치사) ¿dónde?(어디에 ?) dos(2, 둘) siempre(늘, 항상, 언제나) solamente(다만, 오직) todos, todas(모든) yo(나 : 1인칭대명사 단수)

3. **관용적 표현** : ¡Cómo no!(물론이죠 !) en casa(집에서) la lección de español〔inglés, alemán, ruso〕(스페인어학과, 〔영어학과, 독일

어학과, 러시아어학과]) el profesor de español(스페인어 교수·선생) la profesora de inglés(영어 교수·선생[여자]) todas las palabras(모든 단어들) todos los días(매일)

※ 문법 (Gramática)

1. yo는 영어의 'I'에 해당되는 주격 인칭대명사 1인칭단수로서 스페인어에서는 강조의 경우를 제외하고는 생략이 될 수 있다.
2. 스페인어를 뜻하는 el español은 때로는 el castellano라고도 한다. 그 이유는 오늘날의 스페인어는 기원상 스페인 Castilla의 언어이기 때문이다.
3. trabajar와 preparar는 제 1 변화동사로서 규칙동사이며, tener(*to have*: 〈갖고 있다〉란 소유의 뜻)는 제 2 변화동사(스페인어에서 원형이 -er로 끝나는 모든 동사가 이에 속함)로서 불규칙 변화이다.
4. 명사의 성(性, género)

스페인어에서 모든 명사는 반드시 성을 갖고 있다. 즉 alumno는 〈남학생〉이란 뜻을 갖고 있어 남성이며, 해당 정관사는 el이며, alumna(여학생)는 여성이므로 앞에 la를 붙인다.

lección은 여성명사로서 la를 붙인다. 남성 복수 정관사는 los이며 여성 복수형은 -s를 붙여 las가 된다. 스페인어에서 어미가 -o로 끝나는 명사는 대개 남성명사이다. 한편 -a, -z, -ción, -d로 끝나는 명사는 대개 여성이다. 다만 위에서 día는 -a로 끝나지만 예외적으로 남성이기 때문에 정관사는 la가 아니라 el이다.

미국의 대도시인 Los Angeles는 스페인어 지명으로서 〈천사들〉이란 뜻이며, Las Vegas는 〈광야〉라는 뜻을 갖고 있다.

5. 명사의 수(數, número)

스페인어에서 단수가 모음으로 끝나는 명사를 복수로 만들기 위해서는 -s를, 자음으로 끝나는 단어의 복수형은 -es를 붙인다. 위에서 한 가지 유의할 것은 lección의 경우에는 액센트(acento)가 찍혀 있으나 복수가 되면 음절 관계상 액센트가 없어져 lecciones가 된다.

6. 스페인어에서 언어의 이름 앞에 붙는 정관사 el은 hablar 동사 다음에, 그리고 전치사 de와 en 다음에는 생략된다.

Hablo español y francés. 나는 스페인어와 프랑스어를 말한다.
Preparo la lección de español. 나는 스페인어 학과를 예습한다.
Usted practica en inglés. 당신은 영어로 연습한다.

시에라 네바다의 흰 산봉우리들과 올리브 밭

LECCION TRES

¿Dónde hablan español?

Sra. López : En la pared tenemos un mapa de México y de la América Central. Felipe, ¿cuántos países hay en la América Central?

Felipe : Hay seis, señora.

Sra. L. : ¿Qué lengua hablan allí?

F. : Allí hablan español, y en México también.

Sra. L. : Eso es. Aquí tenemos otro mapa. Es de la América del Sur. ¿Cuántos países hay en la América del Sur?

F. : Hay diez.

Sra. L. : ¿Hablan español en todos los diez países?

F. : En todos, excepto en el Brasil.

Sra. L. : ¿Y qué hablan allí?

F. : Hablan portugués.

Sra. L. : ¿En qué otros países hablan español?

F. : En Cuba y en la República Dominicana. En Haití hablan francés.

Sra. L. : Muy bien. Usted escucha la radio en

casa, ¿no es verdad?

F. : Sí, señora, escucho programas en español, de aquí, de México y de Cuba.

Sra. L. : ¿No mira usted la televisión? Hay programas de televisión en español.

F. : Sí, miro la televisión, especialmente cuando hay programas en español. Cuando Ricardo y yo estudiamos, escuchamos el tocadiscos.

Sra. L. : Usted tiene los discos con las lecciones de español, ¿verdad?

F. : Sí, señora, siempre escuchamos los discos cuando preparamos las lecciones. Luego practicamos las frases.

Sra. L. : Ustedes trabajan mucho. Ahora aquí tenemos tres discos de música. ¿Escuchamos uno?

Todos : ¡Cómo no! Con mucho gusto.

※ 어휘 (**Vocabularios**)

1. **명사** : América(아메리카) el disco(레코드, 음반) el gusto(기쁨, 즐거움) Felipe(남자 이름) Haití(아이티 : 국명) el mapa(지도) México(멕시코) el país(나라) la pared(벽) el programa(프로그램) la radio(라디오 방송) la televisión(텔레비젼) el tocadiscos(전축) la verdad(진실, 사실) Ricardo(남자 이름)

2. **동사**

es : 원형 ser(*to be*)의 3인칭단수 직설법 현재 변화형.
escuchar(듣다) estudiar(공부하다)

hay : 원형 haber(*to have*)의 변형된 형태로서 〈…이 있다〉(영어의 *there is* 또는 *there are*)의 뜻으로 그 뒤에 단수 혹은 복수 명사가 놓일 수 있다.

mirar(보다, 바라보다) practicar(연습하다) preparar(준비하다) trabajar(일하다, 공부하다)

usted tiene : 〈당신은 갖고 있다〉의 뜻으로 원형은 tener(불규칙 동사)이다.

3. 기타 단어 : ahora(지금, 이제) aquí(여기) cuando(…할 때) ¿cuánto, -a?(얼마나 많은? : 영어의 *how much[many]?*) diez(10, 열) especialmente(특히) excepto(…을 제외하고) luego(그 다음에, 그 후에) muy(대단히, 매우) otro, -a(다른) seis(6, 여섯) un, uno, una(1, 하나 : 부정관사도 됨)

4. 관용적 표현 : la América Central(중앙 아메리카, 중미 : Centro América 또는 Centroamérica 라고도 함) la América del Sur(남아메리카, 남미 : Sur América 또는 Sudamérica 라고도 칭함) con mucho gusto(관용적인 표현으로서〈아주 기꺼이〉의 뜻임) ¿cuántos países?(몇 나라들이나?) ¿escuchamos uno?(우리가 하나 들어볼까요?) eso es (바로 그렇습니다, 맞습니다) la República Dominicana(도미니카 공화국) miro la televisión(나는 TV 를 본다) ¿(no es) verdad? (안 그래요? : 동의 요청을 구하는 표현임) otro mapa(다른 지도) otros países(다른 나라들, 기타 제국) programa de televisión(TV 프로) trabajar mucho(열심히 일하다)

※ 문법 (Gramática)

1. 본문에 나온 단어중 mapa 와 programa 는 어미가 -a 로 끝나지만 남성명사이므로 정관사는 el 임에 유의바란다.
2. México 는 때로는 Méjico 로도 표기되며 발음상의 차이는 없다.
3. Brasil 의 영어 표기 철자중 z 대신 s 가 쓰이며 정관사 el 이 앞에 붙는다.
4. lengua 는 본래 〈혀〉를 뜻하나 여기서는 〈언어〉를 의미하며 idioma (남성명사)라고도 한다.
5. 스페인어의 동사는 어미로 보아 -ar, -er 및 -ir 로 끝나며 이를 각각 제 1 변화동사, 제 2 변화동사 그리고 제 3 변화동사라고 부른다.
6. 스페인어에 있어서 주격 인칭대명사는 다음과 같다.

1인칭단수 yo(*I*), 2인칭단수 tú(*you*), 3인칭단수 él(*he*) ; ella(*she*) ; usted (*you*)
1인칭복수 nosotros(*we* : 남성) ; nosotras(*we* : 여성)
2인칭복수 vosotros(*you* : 남성) ; vosotras(*you* : 여성)
3인칭복수 ellos(*they* : 남성 혹은 혼성) ; ellas(*they* : 여성), ustedes (*you*).

HABLAR 동사의 직설법 현재변화를 보자.

	단 수	복 수
1인칭	hablo	hablamos
2인칭	hablas	habláis
3인칭	habla	hablan

이상에서 제1변화동사의 직설법 현재 변화 어미를 보면 -o, -as, -a, -amos, -áis, -an 임을 알 수 있으며, 스페인어에서는 변화된 동사의 어미만 보아도 해당 인칭대명사 즉 주어가 무엇인가를 알 수 있기 때문에 강조의 경우를 제외하고는 주어가 생략되는 것이 보통이다. 다만 3인칭의 경우에는 주어가 él, ella, usted 등 여러 가지가 될 수 있기 때문에 주어를 밝히는 것이 보통이다.

그리고 스페인어에서 존칭 'you'는 3인칭 변화임을 유의하기 바란다. tú는 친칭으로서 부부, 친구, 기도문, 집에서 기르는 동물 등 친한 사이에 쓰이며, 스페인어 usted는 나머지 경우에 쓰인다. 처음 만나는 사람에게 tú를 쓰는 것은 실례가 된다.

7. 부정관사

스페인어에서 부정관사는(영어의 *a, an*에 해당) 남성명사 앞에는 un을, 여성명사 앞에는 una를 붙인다. 예를 들면 un libro(한 권의 책), una lección(1개학과)이 된다. 스페인어에서는 영어와 달리 부정관사에도 복수(unos, unas)가 있는 바 그 뜻은 영어의 '*some*'(약간의)을 의미한다. unos libros(몇 권의 책들), unas plumas(몇 개의 펜들).

8. hay의 용법

hay는 영어의 *there is, there are*에 해당되는 것으로서 뒤에 단수 또는 복수 명사가 올 수 있다.

Hay un libro en la mesa. 테이블 위에 책이 한 권 있다.
Hay diez países allí. 그 곳에는 10개국이 있다.

※ 질문 (**Preguntas**)

다음 물음에 스페인어로 대답하시오.

1) ¿Qué hay en la pared?
2) ¿Cuántos países hay en la América Central?
3) ¿Cuántos países hay en la América del Sur?
4) ¿Dónde hablan portugués?
5) ¿Qué lengua hablan en Cuba?
6) ¿Qué lengua hablan en Haití?
7) ¿Escucha Felipe la radio?
8) ¿Qué escucha en la radio?
9) ¿Mira la televisión?
10) ¿Qué escuchan en la clase?

푸에르토리코의 호텔과 별장

LECCION CUATRO

La familia

Srta. García : Pablo, ¿tiene Vd. (usted) hermanos?
Pablo : No, señorita, no tengo hermanos.
Srta. G. : ¿Cuántos años tiene Vd.?
Pablo : Tengo catorce.
Srta. G. : Vd. tiene un tío que se llama Eduardo Muñoz, ¿verdad?
P. : Sí, señorita.
Srta. G. : ¿Cómo se llama su tía, la esposa de don① Eduardo?
P. : Se llama Isabel.
Srta. G. : ¿Cuántos hijos tienen?
P. : Tienen un hijo de trece años y una hija de doce.
Srta. G. : Entonces tiene Vd.② dos primos. ¿Cómo se llaman?
P. : Mi primo se llama Eduardo, como mi tío, y mi prima se llama Margarita.
Srta. G. : ¿Tiene Vd. otros primos?
P. : Tengo siete más: cuatro primos y tres

primas. Mi padre tiene un hermano y una hermana, y mi madre, dos hermanos. Todos mis tíos tienen hijos, excepto mi tía Elena.

Srta. G. : Gracias, Pablo. Y Vd., Anita, ¿cuántos hermanos tiene?

Anita : Mi hermano se llama Roberto; una de mis hermanas se llama Juana y la otra, Josefina.

Srta. G. : Fernando, Vd. tiene solamente una hermana, ¿verdad?

Fernando : No, señorita, también tengo dos hermanos.

Hay seis personas en nuestra familia.

Srta. G. : ¿Cuántos años tienen sus hermanos?

F. : Uno tiene veinte y un años y el otro, diez y nueve③.

Srta. G. : ¿Trabajan aquí en la ciudad?

F. : Manuel trabaja aquí, pero Antonio estudia en la Universid de Buenos Aires. Tiene que pasar allí dos años.

Srta. G. : Gracias, Fernando. Ahora tenemos que escuchar nuestra cinta para hoy.

① 남성형은 'don', 여성형은 'doña'로서 이름〔세례명〕 앞에 붙이는 경칭이다. don José(호세 씨), doña Carmen(까르멘 씨) 등.

② 긍정문에서도 특히 부사가 문두에 올 때에는 주어와 동사를 도치시킬 수 있다. 일반적으로 영어에 비해서 스페인어의 어순은 매우 자유롭다고 말할 수

있다.

③ 숫자에서 21은 또한 veintiuno, 그리고 19는 diecinueve 즉 한 단어로도 쓸 수 있다.

※ 어휘 (Vocabularios)

1. **명사** : Anita(여자 이름) Antonio(남자 이름) el año(해, 년) la cinta(테이프) la ciudad(도시, 시) doce(12, 열 둘) Eduardo(남자 이름) Elena(여자 이름) la familia(가족) Fernando(남자 이름) la hermana(자매) el hermano(형제) la hija(딸) el hijo (아들) Isabel(여자 이름) Juana(여자 이름) Josefina(여자 이름) Manuel(남자 이름) Margarita(여자 이름) la madre(어머니) Pablo(남자 이름) el padre(아버지) la persona(사람) la prima (4촌〔여자〕) el primo(4촌〔남자〕) Roberto(남자 이름) la tía(숙모) el tío(숙부, 아저씨) la universidad(대학)

2. **동사** : pasar(통과하다, 〔시간을〕 보내다) tener(가지다 : 영어의 *to have*)

3. **기타 단어** : como(…처럼) entonces(그렇다면, 그때에) hoy(오늘) más(더 많은, 더 많이) para(…을 위해서 : 영어의 *for*에 해당) que (사람 또는 사물에 관한 관계대명사 : *that*, *which*, *who*, *whom*에 해당)

4. **관용적 표현** : ¿cómo se llaman(ellos)? (그들의 이름은 무엇입니까?) mi hermano se llama(내〔형·동생〕의 이름은 …이다) el otro, la otra(또 다른 하나 : 앞의 것은 남성형이고 뒤의 것은 여성형임) un hijo de trece años(13세된 아들)

※ 문법 (Gramática)

1. **tener 동사** : tener는 소유를 뜻하는 *have*동사 중의 하나로서 〈가지다, 갖고 있다〉란 의미이며, 불규칙동사이다.
tener의 직설법 현재 변화는 다음과 같다.
(yo) tengo (nosotros, -as) tenemos (tú) tienes (vosotros, -as) tenéis (él, ella, usted) tiene (ellos, ellas, ustedes) tienen.

2. **tener와의 관용구**
año(s)와 함께 써서 나이를 나타낸다.
¿Cuántos años tiene usted? 당신은 나이가 몇입니까?
Tengo veinte años. 저는 스무살입니다.
tener+que는 …하지 않으면 안 된다. 즉 영어의 *must*, *to have*

*to*의 뜻이다.

Tengo que estudiar mucho. 나는 열심히 공부해야만 한다.
Usted tiene que pasar allí dos años.
당신은 거기서 2년간을 보내야만 합니다.

3. **소유격 또는 소유형용사** : 스페인어에서는 소유격 또는 소유형용사는 다음에 놓이는 명사의 성과 수에 일치해야만 한다. 스페인어의 소유격은 다음과 같다.

mi(s) (나의) tu(s) (너의) su(s) (그의, 그 여자의, 당신의) nuestro(s) 및 nuestra(s) (우리들의) vuestro(s) 및 vuestra(s) (너희들의) su(s) (그들의, 그 여자들의, 당신들의)

여기서 su(s)는 여러 가지 뜻을 가질 수 있으나 문장에 나올 때에는 문맥으로 보아서 그 뜻을 알 수 있다.

nuestro와 vuestro는 그 뒤에 오는 피소유물에 따라서 4가지로 변한다 : nuestra casa(우리 집) nuestros padres(우리 부모 : padre가 복수가 되면 양친이란 뜻임), vuestro profesor(너희들의 교수) vuestras madres(너희들의 모친들).

4. 숫자(número)에 대하여 스페인어도 영어와 마찬가지로 기수와 서수를 갖고 있는 바, 여기서는 기수를 살펴보자.

1(uno) 2(dos) 3(tres) 4(cuatro) 5(cinco) 6(seis) 7(siete) 8(ocho) 9(nueve) 10(diez) 11(once) 12(doce) 13(trece) 14(catorce) 15(quince) 16(diez y seis 또는 dieciséis) 17(diez y siete 또는 diecisiete) 18(diez y ocho 또는 dieciocho) 19(diez y nueve 또는 diecinueve) 20(veinte) 21(veinte y un〔o〕 또는 veintiuno) 22(veinte y dos 또는 veintidós) 23(veinte y tres 또는 veintitrés) 29(veinte y nueve 또는 veintinueve) 30(treinta) 31(treinta y uno) 32(treinta y dos) 40(cuarenta) 50(cincuenta) 60(sesenta) 70(setenta) 80(ochenta) 90(noventa) 99(noventa y nueve) 100(ciento) 101(ciento uno : 주의 여기서 y는 중간에 들어가지 않는다)

uno는 그 다음에 오는 명사의 성과 수에 따라 어미변화를 한다. un año(1년) una persona(한 사람) veinte y un(또는 veintiún) libros(21권의 책들) treinta y una casas(31채의 집들)

LECCION CINCO

¿De dónde es Vd.?

Sra. Pérez : ¿De dónde es usted, Juan? ¿De la Argentina?

Juan : No, no soy argentino; soy español.

Sra. P. : ¿Y su amigo Felipe es de España?

J. : Sí, Felipe y yo somos españoles. Él es de Barcelona y yo soy de Madrid.

Sra. P. : ¿Son españolas Leonor y Catalina?

J. : Leonor es española, pero Catalina es inglesa.

Sra. P. : ¿De dónde es su amiga Alicia?

J. : Es de México; es mexicana.

Sra. P. : ¿Son mexicanos Kil-dong y Chong-kil?

J. : No, señora, son coreanos, porque son de Corea.

Sra. P. : ¿Es francés don Jaime González?

J. : No, don Jaime es colombiano; es de Colombia.

Sra. P. : Pues, Juan, Vd. es rubio y Felipe es moreno. ¿Hay muchos rubios en España?

J. : No, señora, hay pocos.

Sra. P. : Es cierto. Leonor, ¿cómo es Juan, alto o bajo?

Leonor : Es alto y rubio.

Sra. P. : ¿Cómo es su amiga Catalina?

Leonor : Es alta, morena, y muy bonita.

Sra. P. : Doña Isabel Schmidt, su profesora de historia, es alemana, ¿verdad? ¿Es joven?

L. : Sí, es joven y muy simpática.

Sra. P : Muy cierto. Pues, doña Isabel es alemana, Juan, Felipe y Vd. son españoles, y Catalina es inglesa. ¿Hay alumnos de otros países? ¿Quiénes son?

L. : Hay una muchacha que es portuguesa y un muchacho que es argentino. Todos son muy simpáticos.

Sra. P. : ¡Cómo no! Pues Leonor, Vd. y Juan hablan muy bien.

Leonor : Muchas gracias, señora. Es Vd. muy amable.

※ 어휘 (**Vocabularios**)

1. 명사 : Alicia (여자 이름)　la amiga (친구〔여자〕)　el amigo (친구〔남자〕)　Catalina (여자 이름)　colombiano (콜롬비아 인〔남자〕)　Felipe (남자 이름)　Jaime (남자 이름)　Leonor (여자 이름)　la muchacha (소녀)　el muchacho (소년)

2. **형용사** : alemán, -ana (독일의) alto, -a (키가 큰, 높은) amable (친절한) argentino, -a (아르헨티나의) bajo, -a (키가 작은, 낮은) bonito, -a (아름다운, 예쁜) cierto, -a (어떤, 사실인) colombiano, -a (콜롬비아의) español, -a (스페인의) francés, -esa (프랑스의) inglés, -esa (영국의) joven (젊은, 어린 : 복수형은 jóvenes) mexicano, -a (멕시코의) moreno, -a (피부가 까무잡잡한) mucho, -a (많은) coreano, -a (한국의, 한국인) poco, -a (약간의 : 양을 나타냄) portugués, -esa (포르투갈의) rubio, -a (노랑머리의) simpático, -a (사람이 친절하고 상냥한)

3. **동사** : ser (*to be*)

4. **기타 단어** : porque (왜냐 하면) pues (그럼, 그렇다면) ¿quién? (누가, 누구들이? : 영어의 *who?*, 복수는 ¿iquiénes?)

5. **관용적 표현** : ¿cómo es (su amiga)? (당신의 친구〔여〕는 모습이 어떻습니까?) es cierto (…은 사실이다) Es Vd. muy amable. (당신은 매우 친절하시군요.)

※ **문법 (Gramática)**

1. SER는 영어의 *to be*에 해당하는 동사로서 불규칙변화이다. 직설법 현재 변화는 다음과 같다.

(yo) soy	(nosotros, -as) somos
(tú) eres	(vosotros, -as) sois
(él, ella, usted) es	(ellos, ellas, ustedes) son

2. 형용사도 명사와 마찬가지로 그것이 수식하는 명사의 성과 수에 따라서 변화한다. 어미가 -o로 끝나는 형용사는 -o, -os, a, -as 등 네 가지로 변화한다. 예를 들면 〈키가 큰〉의 뜻을 가진 alto는 alto, altos, alta, altas로 변화한다. -o 이외로 끝나는 형용사는 성의 구별은 없고 수에 따라서만 변화한다. 가령 amable (친절한)는 남·여성형이 같고 복수일 때 amables가 된다.

3. 국적을 나타내는 국적 형용사는 다소 불규칙하게 변화하는 경우가 있으니 유의를 요한다. 가령 〈스페인의〉에 해당되는 español은 복수가 되면 españoles이고 여성형은 española (s)이다. 또 inglés (영국의)는 복수가 되면 액센트가 없어져 ingleses가 되며, 여성형은 inglesa (s)이다.

alemán(독일의)은 alemanes, alemana(s)로 변화한다. -o로 끝나는 국적형용사는 앞에서 설명한 형용사 alto의 경우와 마찬가지로 변화한다 : coreano(한국의)는 coreanos, coreana(s)가 된다.

4. 형용사가 서술적으로 사용될 때도 주어의 성과 수에 따라 일치해야만 한다.

El muchacho es alto.	그 소년은 키가 크다.
Las muchachas son altas.	그 소녀들은 키가 크다.
Muchas gracias.	대단히 감사합니다.
	(*many thanks*의 뜻임)

5. 의문문에서 서술형용사는 통상 동사 바로 뒤에 온다.

¿Es joven doña Isabel?	이사벨 씨는 젊습니까?
¿Es coreano el profesor Kim?	김교수는 한국 사람입니까?

※ 국명과 국적 형용사

국　　명	국적 형용사
Alemania	alemán, -a
el Brasil	brasileño, -a
Cuba	cubano, -a
España	español, -ola
los Estados Unidos	norteamericano, -a
Francia	francés, -esa
Haití	haitiano, -a
Inglaterra	inglés, -esa
Italia	italiano, -a
México	mexicano, -a
Portugal	portugués, -esa
la República Dominicana	dominicano, -a
Rusia	ruso, -a
Corea	coreano, -a
el Japón	japonés, -esa
China	chino, -a
la Argentina	argentino, -a
Chile	chileno, -a
el Perú	peruano, -a

Colombia	colombiano, -a
Bolivia	boliviano, -a
Venezuela	venezolano, -a
Costa Rica	costarricense(남·여 동형)
Guatemala	guatemalteco, -a
Honduras	hondureño, -a
Panamá	panameño, -a
Nicaragua	nicaragüense(남·여 동형)
el Paraguay	paraguayo, -a
el Uruguay	uruguayo, -a
el Ecuador	ecuatoriano, -a
Puerto Rico	puertorriqueño, -a
Grecia	griego, -a
Bélgica	belga(남·여 동형)
Suiza	suizo, -a
Suecia	sueco, -a

(Suiza는 스위스이며, Suecia는 스웨덴임).

멕시코의 아카푸르코

LECCION SEIS

Los colores

Srta. Blanco : Inés, Vd. tiene una blusa muy bonita. ¿Es nueva?

Inés : Gracias, señorita, es bastante vieja, pero en casa tengo dos nuevas.

Srta. B. : ¿También son blancas?

I. : No, señorita, una es azul y la otra, amarilla. Las dos son muy bonitas.

Srta. B. : ¿Es nuevo su suéter?

I. : No, también es viejo. Solamente mi falda es nueva.

Srta. B. : ¿Tiene Vd. guantes blancos?

I. : Sí, tengo un par.

Srta. B. : ¿Usa Vd. sombrero?

I. : ¡Cómo no, pero no en la escuela!

Srta. B. : ¿Tiene Vd. zapatos rojos?

I. : Sí, tengo un par de rojos y un par de azules.

Srta. B. : Carlos, ¿de qué color es la camisa de Pedro?

I. : Es roja.

Srta. B. : ¿Son negros sus pantalones?

Carlos : No, señorita, son azules, pero Tomás tiene pantalones negros.

Srta. B. : ¿Es verde el suéter de Víctor?

Carlos : No, es rojo, blanco y negro.

Srta. B. : Marta tiene un vestido bonito. ¿De qué color es?

C. : Es azul.

Srta. B. : No, Carlos, es gris, pero su pañuelo y sus zapatos son azules. Vd. tiene zapatos negros, ¿verdad?

C. : Sí, pero son muy viejos. Tengo un par de zapatos nuevos en easa. Son blancos y negros.

Srta. B. : Muy bien, muchachos. Vds. hablan bien, como siempre. Hasta mañana.

Muchachos : ¡Adiós! ¡Hasta mañana!

※ **어휘 (Vocabularios)**

1. 명사 : la blusa (블라우스) la camisa (셔츠) el color (색, 빛깔) la escuela (학교) la falda (스커어트, 치마) el guante (장갑) Inés (여자 이름) Marta (여자 이름) los pantalones (바지) el pañuelo (손수건) el par (켤레) el sombrero (모자 : 영어로는 *hat*) el suéter (스웨터) Tomás (남자 이름) el vestido (드레스, 옷) Víctor (남자 이름) el zapato (구두) Carlos (남자 이름)

2. 형용사 : amarillo, -a (노란) azul (청색의) blanco, -a (흰) gris (회색의) negro, -a (검은) nuevo, -a (새로운, 새것의) rojo, -a (빨

간 색의) verde(녹색의) viejo(낡은, 늙은, 오래된)

3. **동사** : usar(사용하다)

4. **기타 단어** : adiós(안녕, 헤어질 때 인사) bastante(꽤, 오히려) hasta (…까지) mañana(내일, la mañana 는 오전, 아침)

5. **관용적 표현** : ¿de qué color es?(그것은 무슨 색깔입니까?) dos nuevas(2개의 새것들) en la escuela(학교에서) hasta mañana (내일 또 만납시다) los(las) dos(둘 다, 양쪽 다) un par de rojos [azules](빨간 색〔청색〕 한 켤레)

※ 문법(Gramática)

1. **형용사의 위치** : 품질형용사는 통상 수식하는 명사의 뒤에 온다. una blusa bonita(하나의 예쁜 블라우스) mi falda verde(나의 녹색 스커어트) muchos sombreros blancos(많은 흰색 모자들) dos vestidos rojos(두 개의 빨간 드레스)

2. **수량에 관한 한정 형용사**(정관사, 부정관사, 많은, 또하나의, 수사, 소유격 등)는 수식명사 앞에 온다. 이에 반해 품질(색깔, 크기, 모양, 모습, 국적 등)을 말함으로써 명사를 수식하는 형용사는 대개 명사 뒤에 온다.

3. **소유** : 스페인어에서 소유는 전치사 de를 사용하여 표현한다. 가령 Antonio의 셔츠는 la camisa de Antonio로, José의 구두는 los zapatos de José로 표현한다.

4. **약간의, 몇 개의**(*some*과 *any*)

¿Tiene Vd. zapatos rojos? 당신은 약간의 빨간 구두를 갖고 있읍니까?

No tengo zapatos. 나는 〔어떤〕 빨간 구두도 갖고 있지 않습니다.

¿Tiene Vd. hermanos? 당신은 형제 자매가 있읍니까?

¿Hay mapas en la pared? 벽에는 (몇 개의) 지도가 있읍니까?

위와 같이 영어의 *some*과 *any*에 해당되는 말이 강조의 경우를 제외하고는 스페인어에서 표현되지 않는다.

5. **부정관사의 생략**

No tengo hermano. 나는 형제가 없다.

¿Usa Vd. sombrero? 당신은 모자를 사용하십니까?

Sí, uso sombrero. 네, 저는 모자를 씁니다.

스페인어에서는 명사앞, 특히 부정문과 수개념이 중요시되지 않을 때 부정관사가 흔히 생략된다.

※ 질문(Preguntas)

다음 물음에 스페인어로 대답하시오.

1) ¿Qué tiene Inés?
2) ¿Es nueva su blusa?
3) ¿Qué tiene en casa?
4) ¿Son blancas las blusas nuevas?
5) ¿Es nuevo su suéter?
6) ¿De qué color son sus guantes?
7) ¿Usa sombrero?
8) ¿Tiene zapatos rojos?
9) ¿De qué color es la camisa de Pedro?
10) ¿Son negros sus pantalones?
11) ¿De qué color son los pantalones de Tomás?
12) ¿De qué color es el suéter de Víctor?
13) ¿Es azul el vestido de Marta?
14) ¿Son azules los zapatos de Carlos?
15) ¿Qué tiene en casa?
16) ¿De qué color son sus zapatos nuevos?

LECCION SIETE

¿Qué hora es?

Jorge : Buenos días, señor Ramírez.

Sr. Ramírez : Buenos días, Jorge. ¿Qué hora es?

J. : Son las nueve.

Sr. R. : ¿A qué hora toma Vd. el desayuno?

J. : A las siete y veinte o a las siete y media.

Sr. R. : ¿A qué hora llega Vd. a la escuela?

J. : Generalmente llego a las ocho menos cinco porque tengo clase a las ocho.

Sr. R. : ¿Cuántas clases tiene Vd. por la mañana?

J. : Tengo solamente dos.

Sr. R. : ¿Cuándo tiene Vd. clases por la tarde?

J. : A la una tengo clase de historia, luego, de matemáticas.

Sr. R. : ¿A qué hora toma Vd. el almuerzo?

J. : A las doce.

Sr. R. : ¿Terminan las clases a las cuatro de la tarde?

J. : No, señor, a las tres y media.

Sr. R. : Su familia come o cena a las seis, ¿verdad?

J. : Sí, señor, cenamos a las seis o a las seis y cuarto porque mi hermano no llega a casa hasta las seis menos cuarto.

Sr. R. : ¿Estudia Vd. por la tarde o por la noche?

J. : Por la noche, porque siempre tengo que trabajar desde las cuatro hasta las cinco y media.

Sr. R. : ¿Cuántas horas estudia Vd. el español?

J. : Todas las noches tengo que estudiar una hora, o más. Siempre aprendo bien① el vocabulario y leo todas las frases. Cuando tengo tiempo, escucho programas de radio, cubanos o mexicanos.

Sr. R. : Vd. realmente quiere aprender bien el español. Bueno, ahora tengo que hablar con don Roberto. Hasta luego, Jorge.

J. : Hasta luego, señor.

※ 어휘 (Vocabularios)

1. **명사** : el almuerzo(점심) el cuarto(15분 : 본래의 뜻은 1/4의 뜻임) el desayuno(아침 식사) la hora(시간, 시각) la mañana(아침, 오전) Jorge(남자 이름) la noche(저녁, 밤) la tarde(오후) el tiempo(시간) Roberto(남자 이름)

2. **형용사** : medio, -a(절반, $\frac{1}{2}$)

3. **동사** : aprender(배우다) cenar(서녁 식사하디) comer(먹다, 식사하다) leer(읽다) llegar(a)(…에 도착하다) querer(원하다, 좋아하다) terminar(끝나다, 완료하다) tomar(취하다, 들다, 먹다 : 영어의 *to take*에 해당)

4. **기타 단어** : a(전치사로 영어의 *to* 또는 *at*에 해당) bueno(좋은, 잘, 좋습니다) ¿cuándo?(언제 ?) desde(…로부터, …이래) menos(poco의 비교급 : 영어의 *less*) por(…동안, …을 통해서 등 : 영어의 *during*, *through*, *by*, *in* 등) realmente(정말로)

5. **관용적 표현** : buenos días(아침 인사 : 영어의 *good morning*에 해당하며, 직역은 *good days*의 뜻이다) de la mañana(오전 ; a.m.) de la tarde (noche) (오후 ; p.m.) hasta luego(〈다음에 또 만납시다〉라는 뜻의 인사말) 〔llegar〕 a casa(집에〔도착하다〕) (llegar) a lla escuela(학교에〔도착하다〕) por la mañana(tarde, noche) (오전에〔오후에, 밤에〕) todas las noches(매일 저녁, 매일 밤) tomar el desayuno(almuerzo) (조반을 들다, 〔저녁을 들다〕) Vd. quiere(aprender) (당신은〔배우기를〕 원하십니다)

참고 스페인어에서 방법의 부사는 동사 직후에 온다.

※ 문법 (Gramática)

1. 스페인어에서 -er로 끝나는 동사를 가리켜 제2변화동사라고 하며 앞에서 나온 comer와 leer가 이에 속한다. 제1변화동사의 직설법 현재 변화는 -o, -as, -a, -amos, -áis, -an으로 끝난다는 것을 기억할 것이다.

 제2변화동사는 다음과 같이 어미 변화를 한다(인칭은 생략하고 살펴보자).

 como, comes, come, comemos, coméis, comen 즉 어미변화만 정

리해 본다면 -o, -es, -e, -emos, -éis, -en이 된다.

aprender(배우다)를 직설법 현재로 변화시키면 aprendo, aprendes, aprende, aprendemos, aprendéis, aprenden이 된다.

2. 하루의 시간

¿Qué hora es? 몇 시입니까(영 : *what time is it?*에 해당)

¿A qué hora llega Vd. a casa? 당신은 몇 시에 집에 도착합니까?

하루의 시작을 나타낼 때에는 여성 정관사 la 또는 las를 사용하며 (hora 또는 horas가 생략된 것으로 이해하면 된다), 동사는 1시 대에는 Es를, 2시가 넘으면 Son을 쓴다. 그리고 분은 y라는 접속사 다음에 표시되며, 15분은 cuarto로, 30분(반)은 media로 표시한다. 30분이 넘어가면 다음 시간에서 분을 빼서 나타내며 menos(—의 뜻)을 사용한다. 시간을 나타내자면 필수적으로 숫자를 잘 알아두어야 함은 물론이다.

몇 가지 예를 들어 보면 〈1시입니다〉는 Es la una로, 1시 15분은 Es la una y cuarto.가 된다.

또 1시 35분이다는 표현은 〈2시 25분전〉으로 나타낸다. 즉 Son las dos menos veinticinco.가 된다. 6시 45분은 Son las síete menos cuarto.가 된다. 〈…시에〉라는 표현은 앞에 전치사 a(영 : *at*)를 붙이면 된다. 가령 〈3시에〉는 'a las tres'가 된다. 그리고 오전, 오후는 'de la mañana', 'de la tarde·noche'로 나타낸다. 즉 〈오전 11시에〉는 'a las once de la mañana'로 〈오후 5시 반에〉는 'a las cinco y media'로, 〈밤 12시에〉는 'a las doce de la noche'로 나타내면 된다. 시계는 el reloj이며 〈손목시계〉는 'el reloj de pulsera', 〈벽시계〉는 'el reloj de pared'라고 말한다. 일부 지역에서는 시간을 표시 않는 경우 por 대신 en을 쓰기도 한다. en la mañana (tarde, noche) (오전〔오후, 밤〕에)

코르도바의 회교 사원

※ 질문 (Preguntas)

다음의 물음에 스페인어로 대답하시오.

1) ¿Qué hora es?
2) ¿A qué hora toma Vd. el desayuno?
3) ¿A qué hora toma Vd. el almuerzo?
4) ¿A qué hora cenamos?
5) ¿Cuántas clases tiene Vd. por la mañana?
6) ¿Cuántas clases tiene Vd. por la tarde?
7) ¿Tiene Vd. clase de historia?
8) ¿Tiene Vd. clase de matemáticas?
9) ¿Estudia Vd. por la noche?
10) ¿Escucha Vd. programas mexicanos en la radio?
11) ¿Aprende Vd. bien el español?
12) ¿Qué lenguas habla Vd.?
13) ¿Con quién habla Vd.?
14) ¿Hay mapas en la pared?
15) ¿A qué hora termina la clase de español?

LECCION OCHO

¿Dónde vive Vd.?

Sra. Franco :	Beatriz, Vd. recibe muchas cartas de la Argentina. ¿A quién escribe?
Beatriz :	Escribo a una amiga que estudia allí. Ella es norteamericana, pero ahora vive en Buenos Aires.
Sra. F. :	¿Cómo se llama su amiga?
B. :	Carlota Blanco.
Sra. F. :	¿Con quién vive?
B. :	Con la familia de su tío Martín. Su tío es profesor de historia en la Universidad de Buenos Aires y su tía da clases de español en una escuela inglesa. Sus primos, Andrés y Dolores, son alumnos de una escuela argentina y, naturalmente, tienen muchos amigos que hablan español solamente.
Sra. F. :	Entonces Carlota habla español con los amigos de sus primos, ¿verdad?
B. :	Naturalmente. Casi siempre tiene que

hablar español. Varios alumnos de mi clase de español tienen correspondencia con los amigos argentinos de Carlota. Ellos escriben sus cartas en inglés y nosotros en español.

Sra. F. : Muy bien. Así Vds. aprenden mucho, ¿verdad? Bárbara, ¿todavía vive en México su hermano Pablo?

Bárbara : No, señora, ahora todos vivimos aquí, cerca de la escuela. Tenemos una casa de piedra muy hermosa.

Sra. F. : ¿Cuántas personas hay en su familia?

Bár. : Siete, con mi abuela. Mi abuelo ya no vive. Y Vd. señora, ¿todavía vive en el campo?

Sra. F. : No, Bárbara, mi hijo Vicente y su familia viven ahora en mi casa de campo. Él y María tienen cinco hijos y necesitan una casa grande. Mi hija Isabel y yo vivimos aquí en la ciudad. Tenemos una casa de madera muy bonita.

Bár. : ¿Es grande o pequeña?

Sra. F. : Pequeña, pero muy cómoda. Bueno, ya es tarde y tengo que llegar a casa pronto porque Isabel y yo cenamos a

las seis. Adiós, Bárbara. Adiós Beatriz.
Bárbara y Beatriz: Adiós, señora Franco. Hasta la vista.

※ 어휘 (Vocabularios)

1. 명사 : Andrés(남자 이름) la abuela(할머니, 조모) el abuelo(할아버지, 조부) los abuelos(조부모) Beatriz(여자 이름) Bárbara (여자 이름) el campo(들, 시골, 분야) la carta(편지) la correspondencia(교통, 서신 교환) Dolores(여자 이름) la madera (나무, 목재) Martín(남자 이름) la piedra(돌) Carlota(여자 이름) la vista(경치, 시각)

2. 형용사 : cómodo(편안한, 안락한) grande(큰) hermoso, -a(아름다운, 예쁜) pequeño, -a(작은) varios, -as(여러 개의)

3. 동사 : dar(주다) escribir(쓰다 ; *to write*) necesitar(필요로 하다) recibir(받다) vivir(살다)
참고 어미가 -ir 로 끝나는 동사를 일컬어 제 3 변화라고 한다. 직설법 현재는 뒤에 살펴보기로 한다.

4. 기타 단어 : así(이렇게) casi(거의) cerca de(…가까이, 근처에) naturalmente(당연히) pronto(곧, 속히) tarde(늦은, 늦게) todavía(아직) ya(이미, 벌써)

5. 관용적 표현 : da clases(그 여자는 강의를 한다, 수업을 받고 있다.) hasta la vista(다시 뵈올 때까지 안녕 !) tener correspondencia (편지로 연락을 취하다, 교통하다) todos vivimos(우리는 모두 살고 있다) ya no(이제는 더이상 …하지 않다 : 영어의 *no langer* 의 뜻)

※ 문법 (Gramática)

1. 제 3 변화동사의 직설법 현재의 변화형은 다음과 같다. vivir(살다)는 vivo, vives, vive, vivimos, vivís, viven 으로서 이를 다시 어미만 같고 정리해 보면 -o, -es, -e, -imos, -ís, -en 이 된다. 이를 앞서 나온 제 2 변화동사의 변화와 비교한다면 단수 변화는 동일하고 다만 1 인칭 및 2 인칭복수만이 다름을 알 수 있다. -imos(제 2 변화동

사의 경우는 -emos)와 -ís(제 2변화동사에서는 -éis)이다.

이상으로서 스페인어 동사의 3가지 유형, 즉 -ar(제 1변화동사), - er(제 2변화동사), -ir(제 3변화동사)가 다 소개되었다. 앞에서 설명한 각 유형별 동사 변화 6가지씩을 완전히 숙지해 두는 것이 매우 중요하다는 점을 강조하고 싶다. 그 이외에 불규칙동사의 변화는 별도로 그때 그때 암기해 두어야만 한다. 왜냐 하면 지금까지 소개된 각 동사의 변화가 스페인어에서 전부가 아니고 시제에 따른 변화가 아직도 많이 남아 있기 때문에 동사 변화를 완전히 습득하지 않는다면 앞으로 스페인어 공부가 아주 힘들 것이다.

2. 전치사 de : 앞에서 소유를 나타낼 때 de를 쓴다는 것은 이미 설명한 바 있거니와, 이제 다른 용법을 살펴보자.

una casa de piedra(돌집), de madera(나무로 된 집) 즉 재료를 의미한다. un reloj de oro(금시계), una bandeja de plata(은쟁반)도 마찬가지다.

※ 질문(Preguntas)

다음 물음에 스페인어로 대답하시오.

1) ¿Vive Vd. en el campo?
2) ¿Vive vd. en la ciudad?
3) ¿Vive Vd. con sus padres?
4) ¿Vive Vd. con sus abuelos?
5) ¿Cuántas personas hay en su familia?
6) ¿Vive Vd. cerca de la escuela?
7) ¿Vive Vd. en una casa blanca?
8) ¿De qué color es la casa de su padre?
9) ¿Vive Vd. en una casa de piedra?
10) ¿Vive Vd. en una casa de madera?
11) ¿Tiene Vd. una casa de campo?
12) ¿Escribe Vd. muchas cartas?
13) ¿A quién escribe Vd.?
14) ¿Escribe Vd. en español?
15) ¿Escribe Vd. el vocabulario?
16) ¿De quién recibe Vd. cartas?
17) ¿Recibe Vd. muchas cartas?

LECCION NUEVE

¿A dónde va Vd.?

Marcos : ¡Hola, Ramiro! ¿A dónde va Vd.?

Ramiro : Primero voy a hablar con mi profesora de español. Después voy a la biblioteca a estudiar.

M. : Es fácil estudiar en la biblioteca, ¿verdad?

R. : Generalmente, sí, pero cuando hay mucho ruido es difícil estudiar. ¿Por qué no va Vd. conmigo? No tiene clase ahora.

M. : No tengo tiempo, porque tengo que ir a la librería a comprar papel para escribir una composición.

R. : ¿Es para su clase de inglés?

M. : Precisamente. Cada semana tenemos que escribir una composición.

R. : ¿Tienen Vds. muchos exámenes?

M. : Sí, pero mañana tenemos un examen en la clase de historia.

R. : Los exámenes de historia son difíciles, ¿no?

M. : Sí, siempre son muy difíciles. Carlos y yo

vamos a estudiar juntos para el examen de mañana. Necesitamos estudiar mucho.

R. : ¿Va Vd. a su casa a las cuatro?

M. : No, hoy tengo que ir a la reunión del club de español, a las cuatro menos cuarto. Como generalmente no termina hasta las cuatro y media, Carlos y yo no vamos a estudiar hasta la noche. Pero, ¿por qué no va Vd. a la reunión del club? El programa de hoy es muy interesante.

R. : Hoy no, porque tengo que ir al centro a las tres y media, y a casa de Luis a las cinco. No voy a llegar a casa hasta las cinco y media o las seis. ¿Dónde van Vds. a estudiar esta noche?

M. : En casa de Carlos. Voy a su casa a las siete y vamos a estudiar dos o tres horas. Creo que voy a pasar la noche con Carlos.

R. : Bueno, pues hasta luego.

M. : Hasta la vista.

※ 어휘 (**Vocabularios**)

1. 명사 : la biblioteca (도서관) el centro (중앙, 중심가) el club (클럽) la composición (작문) el examen (시험 : 복수가 되면 exámenes 로서 음절이 늘기 때문에 액선트가 붙는다) la librería (서점, 책방) Luis (남자 이름) Marcos (남자 이름) el papel (종이, 역할) la reunión (모임 회합 : 복수는 reuniones) Ramiro (남자 이름) el ruido (잡음, 시끄러

움) la semana(주)

2. **형용사** : cada(매… : 영어의 *each*) difícil(어려운) fácil(쉬운) interesante(재미있는) juntos, -as(함께)

3. **동사** : comprar(사다) creer(믿다) ir(가다)

4. **기타 단어** : conmigo(나와 함께 : 영어의 *with me*에 해당되며 이는 con+mí에다 go가 추가된 특수 형태라 할 수 있다.) después(뒤에, 후에) ¡hola! (이것 봐! 여보세요!) ¿por qué?(왜? 어째서?) precisamente (바로 그렇다) primero(우선, 먼저)

5. **관용적 표현** : a casa de(Luis) (〔루이스〕의 집으로) club de español (스페인어 클럽) en casa de(Carlos) (〔까를로스〕의 집에서) esta noche(오늘 저녁, 오늘밤 : 영어의 *tonight*에 해당됨) hoy no(오늘은 아니고, 오늘은 말고) (ir) al centro(중심가로〔가다〕)

※ 문법(Gramática)

1. **불규칙 동사** : ir(가다)의 직설법 현재 변화는 다음과 같다.

   voy, vas, va, vamos, vais van

2. **전치사** : a는 방향을 나타낸다.

   Voy a la librería. 나는 서점에 간다.
   ¿A dónde va Vd.? 당신은 어디로 가십니까?

   전치사 a는 동작을 나타내는 ir 동사와 함께 쓰여 〈…하려고 한다〉는 뜻을 나타낸다(영어의 *to be going to ~ing.*).

   Juan y yo vamos a estudiar. 후안과 나는 공부를 하려고 한다.
   Voy a la biblioteca a estudiar. 나는 공부하러 도서관에 간다.

   그러나 necesitar(필요로 하다) 동사는 전치사 a를 요하지 않는다.

   Necesito comprar papel. 나는 종이를 살 필요가 있다.

3. **수약(收約)** : 스페인어 전치사 a와 de는 남성단수 정관사 el과 만나면 각각 al과 del로 수약된다.

   Voy al centro. 나는 중심가에 간다.
   이 경우 a+el=al이 된 것이다.
   Los exámenes del profesor. 교수의 시험들.
   이 경우 de+el=del이 된 것이다.

   참고 스페인어에서 다른 수약형은 없다.

※ 질문 (**Preguntas**)

다음 물음에 스페인어로 대답하시오.

1) ¿A qué hora llega Vd. a la escuela?
2) ¿A qué hora va Vd. a la clase de español?
3) ¿Va Vd. a casa a tomar el desayuno?
4) ¿A qué hora toma Vd. el almuerzo?
5) ¿Va Vd. a la biblioteca a estudiar?
6) ¿Dónde compra Vd. papel?
7) ¿Escribe Vd. muchas composiciones?
8) ¿Es fácil el español?
9) ¿Tiene Vd. examen mañana?
10) ¿Son fáciles los exámenes?
11) ¿Necesita Vd. estudiar mucho?
12) ¿A qué hora terminan las clases?
13) ¿Va Vd. al centro por la tarde?
14) ¿Compra Vd. mucho allí?
15) ¿A qué hora llega Vd. a casa?
16) ¿Dónde va Vd. a estudiar esta noche?

LECCION DIEZ

En el café

Juan : Luis, ¿qué va Vd. a tomar esta tarde?

Luis : En este café siempre tomo chocolate. ¿Y usted?

J. : Casi siempre tomo café con leche o con crema, pero hoy voy a tomar café solo.

L. : ¿No quiere Vd. tomar un helado, o un pastel?

J. : Esta vez, no, gracias. Pero un momento, Luis, ¿quién es aquella rubia que platica con Bárbara y con Carmen?

L. : Es Elena Blanco, de Nueva York, amiga de Bárbara. Elena pasa varios fines de semana con Bárbara y con otras amigas de aquí. Es muy bonita, ¿verdad? A propósito, ¿tiene Vd. cita para esta tarde?

J. : Sí. A las cuatro María y yo vamos a dar un paseo por el parque. Según mi reloj ya son las cuatro menos veinte. ¿Qué hora tiene Vd.?

L. : Las cuatro menos veinticinco. Tiene Vd. mucho tiempo.

J. : Sí, tengo bastante tiempo, pero quiero llegar

a tiempo. Pues, ¿es nuevo ese reloj de oro que tiene Vd.?

L. : Sí, pero no es mío. Es de mi hermano.

J. : Es muy bonito. Yo tengo uno de plata, muy viejo, y quiero uno de oro también, pero no tengo bastante dinero. Luis, ¿no tiene Vd. cita también?

L. : A veces doy un paseo con Juanita a las cuatro, pero hoy no. Su padre tiene un coche nuevo y como no tiene que trabajar esta tarde, toda la familia va a dar un paseo en coche. Esta noche Juanita y yo vamos al cine.

J. : El padre de Juanita es médico, ¿verdad?

L. : Sí, y es un hombre muy simpático.

J. : Bueno, pues ya es hora de ir a casa de María. ¿Nos vamos?

L. : Yo no. Voy a platicar un rato con esas muchachas, especialmente con Elena. No tengo que llegar a casa hasta las cuatro y media porque a esa hora voy al centro con mi madre. Muchas gracias, Juan.

J. : No hay de qué. Entonces, adiós.

L. : Adiós. Hasta luego.

※ 어휘 (**Vocabularios**)

1. 명사 : el café(카페, 코오피) el cine(영화관) la cita(데이트 약속) el coche(자동차) la crema(크리임) el chocolate(초컬릿) el dinero(돈) Elena(여자 이름) el fin(끝, 목적) el helado(아이스크림) el hombre(남자, 사람) la leche(밀크, 우유) el médico (의사) el momento(잠깐) Nueva York(뉴우요오크) el oro(금, 황금) el parque(공원) el paseo(산책, 드라이브, 대로) el pastel (케이크) la plata(은, 때로는 〈돈〉이란 뜻으로도 쓰임) el rato(잠시) el reloj(시계) la vez(복수는 veces) (회수나 도수를 나타냄 : 한 번)

2. **동사** : dar(주다) platicar(잡담하다, 이야기하다) querer(원하다, 좋아하다)

3. **형용사** : bastante(꽤, 충분한) mío, -a(나의 것 : 영어의 *mine*에 해당함) solo, -a(혼자서, 홀로) todo, -a(모든)

4. **기타 단어** : según(…에 의하면, …에 따르면)

5. **관용적 표현** : a propósito(그런데) a veces(때로는, 때때로, 이따금) café solo(블랙 코오피) dar un paseo(산책〔드라이브〕하다 : en coche) es hora de(ir)(〔갈〕 시간이다) esta vez, no(이번에는 아니다) fin de semana(주말, 위크엔드) (llegar) a tiempo(제시간에 〔도착하다〕) mucho tiempo(오랫동안) no hay de qué(천만에요, 별 말씀을 다 하세요) ¿nos vamos?(그만 가실까요?) reloj de oro(plata)(금〔은〕 시계) toda la familia(온 가족) tomar un helado(아이스크리임을 들다) uno de plata(은제 한 개) yo no(나는 안 그렇다)

※ 문법(Gramática)

1. **명사의 복수** : 어미가 -z로 끝나는 단어를 복수로 만들자면 먼저 -z를 -c로 바꾼 다음에 -es를 붙인다. la vez→las veces, la voz(음성, 목소리)의 복수는 las voces가 된다.
2. 불규칙동사 dar와 querer의 직설법 현재 변화.

   dar는 〈주다(영어의 *to give*)〉의 뜻인 바, 그 변화는 다음과 같다.

   doy, das, da, damos, dais, dan

   2인칭 복수 형태에서 액센트가 찍히지 않는 점에 유의할 것.

   querer는 〈원하다, 좋아하다(영어로는 *to wish, to like*의 뜻)〉란 동사인 바 그 변화는 quiero, quieres, quiere, queremos, queréis, quieren으로서, 1인칭복수와 2인칭복수는 규칙 변화이다. 이는 어간모음 **'e'**가 'ie'로 변하는 경우이다.

영어에서는 *want* 다음에 전치사 *to*가 필요하지만 스페인어에서는 'a'가 필요없다.

Quiero llegar a tiempo. 나는 제시간에 도착하고 싶다.

¿Quiere Vd. ir conmigo? 당신은 나와 함께 가기를 원하십니까?

3. **스페인어의 지시형용사** : 스페인어의 지시형용사는 세 가지가 있으며, este는 말하는 사람으로부터 가까이 있는 것을 지칭하고(영어의 *this*에 해당), 말하는 사람의 상대방으로부터 가까이 있는 것을 지칭할 때에는 ese(*that*)를 쓰며, aquel은 말하는 사람이나 그의 상대방으로부터 공히 멀리 떨어져 있는 사물을 지칭할 때(*that*) 쓰인다.

이들 지시형용사도 수식하는 명사의 성과 수에 따라 변화한다.

este, esta, estos, estas(남·여성 단수 및 복수 순서)

ese, esa, esos, esas.

aquel, aquella, aquellos, aquellas

이들 지시형용사의 위치는 명사 앞에 놓인다.

este coche(이 자동차) estos coches(이 자동차들)

esta muchacha(이 소녀) estas muchachas(이 소녀들)

ese hombre(그 남자) esos hombres(그 남자들)

esa carta(그 편지) esas cartas(그 편지들)

aquel país(저 나라) 복수는 aquellos países

aquella flor(저 꽃) aquellas flores(저 꽃들)

마라가 항구의 전경

※ 질문 (Preguntas)

다음 물음에 스페인어로 대답하시오.

1) ¿Quiénes hablan?
2) ¿Qué va a tomar Luis?
3) ¿Qué toma Juan casi siempre?
4) ¿Qué va a tomar aquella tarde?
5) ¿Quién es la rubia que platica con Bárbara y con Carmen?
6) ¿Con quién pasa Elena varios fines de semana?
7) ¿Con quién va Juan a dar un paseo?
8) ¿A qué hora van a dar el paseo?
9) Según el reloj de Juan, ¿qué hora es?
10) ¿Es de Luis el reloj de oro?
11) ¿Cómo es el reloj de Juan?
12) ¿Cómo se llama la amiga de Luis?
13) ¿Qué tiene el padre de Juanita?
14) ¿Qué es su padre?
15) ¿Con quién va a platicar Luis un rato?
16) ¿A dónde va Luis a las cuatro y media?

LECCION ONCE

En casa de Isabel

Isabel : Pase Vd., señorita Alcalá. ¿No quiere Vd. descansar aquí un rato?

Srta. Alcalá : Con mucho gusto, gracias. ¿Cómo está usted?

I. : (Estoy) muy bien, gracias. ¿Y Vd.?

Srta. A. : Estoy un poco cansada esta tarde. ¡Qué agradable está aquí, debajo de estos árboles!

I. : Casi siempre está agradable aquí a esta hora. ¿No quiere Vd. un vaso de agua? Tome este vaso, por favor.

Srta. A. : Muchas gracias... ¡Qué buena es el agua y qué fría está! Pues, ¿qué revista lee Vd.?

I. : Una revista argentina, que tiene artículos muy interesantes. Siempre que tengo tiempo, leo revistas para① aprender algo de la vida de otros países.

Srta. A. : Es una idea muy buena. ¿Están en

casa sus padres?

I. : Mi papá está en el centro con el Sr. Espinosa, pero mi mamá está en el jardín, detrás de la casa.

Srta. A. : ¿Trabaja mucho en el jardín su mamá?

I. : Sí, casi todas las tardes. Mire Vd. todas estas flores. Tiene muchas más en el jardín, especialmente rosas rojas y amarillas.

Srta. A. : Estas flores son muy hermosas. Luego quiero ver las rosas. Yo soy de una parte del país en donde no hay muchas rosas en este tiempo. Pero, ¿quién es aquella muchacha que está sentada allí cerca de la ventana? Parece muy triste. ¿Es Juanita? ¿Está enferma?

I. : Sí, y naturalmente no está muy contenta.

Srta. A. : Y aquel muchacho que está en la calle es su primo, ¿verdad?

I. : Sí, es mi primo Juan que está aquí este fin de semana.

Srta. A. : Pues, Isabel, ahora voy a platicar un momento con su mamá y a ver sus rosas.

I. : Muy bien, señorita Alcalá. Pase Vd. por aquí, por favor.

※ 어휘 (Vocabularios)

1. 명사 : el agua (*f.*) (물) el árbol (나무) el artículo (기사) la calle (거리) el favor (호의) la flor (꽃) la idea (생각, 아이디어) el jardín (정원 : 복수 los jardines) la mamá (엄마) el papá (아빠) la parte (부분, 곳) la revista (잡지) la rosa (장미) el vaso (유리잔) la ventana (창문) la vida (인생, 생활, 생명)

2. 형용사 : agradable (즐거운) bueno, -a (좋은, 착한) cansado, -a (피곤한) contento, -a (만족한) enfermo, -a (아픈, 병이 난) extranjero, -a (외국의) frío, -a (추운, 차가운) sentado, -a (앉은) triste (슬픈)

3. 동사 : descansar (쉬다, 휴식하다) estar (영어 *be* 동사의 한 가지) parecer (…로 보이다, 생각되다 : 영어의 *to seem*)

4. 기타 단어 : algo (무엇인가 : 영어의 something) debajo de (…의 밑에) detrás de (…뒤에)

5. 관용적 표현 : en donde (…한 곳에 : 영어의 *where* 에 해당) en este tiempo (요즘) pasar por aquí (이쪽으로 오다) pase(n) Vd(s). (들어 (들) 오십시오) por favor (좀… : 영어의 *please* 에 해당) ¡qué agradable! (얼마나 기분 좋은가 !) todas las tardes (매일 오후) donde (…하는 곳 : 영어의 *where*〔관계부사〕) ¡qué (＋형용사) ! (얼마나 …한가 !) siempre que (…할 때는 언제나)

※ 문법 (Gramática)

1. **estar 동사** : estar 는 불규칙동사로서 이미 소개된 ser 와 함께 영어의 *be* 동사에 해당된다. 우선 쉽게 설명한다면 ser 는 〈…이다〉의 뜻이고 estar 는 〈있다〉 즉 위치나 존재를 나타낸다. estar 의 직설법 현재의 변화는 다음과 같다.

   estoy, estás, está, estamos, estáis, están

2. **estar 의 용법**

   estar 는 일시적 또는 영속적이든간에 어떤 위치를 나타내는 데 쓰인다.

   Mi papá está en su oficina. 나의 아빠는 자기 사무실에 계시다.
   Madrid está en España. 마드리드는 스페인에 있다.

술부에서 형용사와 함께 쓰여 주어의 일시적인 상태를 나타낸다.

El café está frío. 코오피는 차다(식어 있다는 상태).

María está un poco cansada. 마리아는 약간 피곤하다.

Ellos están sentados ahora. 그들은 지금 앉아 있다.

(즉 서 있지 않고 앉아 있는 현재의 상태를 나타냄)

3. 정관사의 특수 용법

El agua está fría. 물은 차갑다.

¡Qué buena es esta agua! 이 물은 좋기도 하구나!

위의 문장에서 두 가지 점을 살펴볼 수가 있는 바, 하나는 agua(물)라는 명사가 분명히 여성명사인데도 정관사는 la를 쓰지 않고 남성형인 el을 쓰고 있다. 그 이유는 스페인어에서는 힘을 주어 발음되는 여성명사의 첫음이 a- 또는 ha-(이 때 h는 무음임)로 시작될 경우에는 발음관계상 el을 쓴다는 규칙이 있기 때문이다. 그러나 이런 명사의 성 자체가 남성으로 바뀌는 것은 결코 아니다. 그리고 복수가 되면 본래대로 las가 붙는다. 즉 las aguas(하천)이다. águila(독수리)는 여성 명사이나 정관사를 붙이면 la가 아니라, 역시 el이 된다. 그러나 anguila(뱀장어)는 철자가 a-로 시작은 되지만 stress가 두 번째 있으므로 la라는 여성정관사를 붙인다.

또 한 가지는 첫 문장에서는 estar 동사를 쓴 데 반해 두 번째 문장에서는 ser 동사 즉 es를 쓰고 있다. 먼저 것은 물이 차갑다는 현재의 상태를 표현하고 있는 데 반해 나중의 경우는 물이 좋다는 성질 내지 속성을 나타낸다.

estar와 ser를 써서 다른 예를 들어보기로 한다. 가령 María es bonita와 María está bonita의 두 개 문장의 차이는 전자는 〈마리아는 예쁘다〉 즉 진짜 미인이라는 표현이며 후자는 〈마리아는 예뻐보인다〉 즉 옷을 잘 입었든가 또는 화장을 잘 해서 일시적으로 예쁘다는 뜻이 된다. 따라서 María 자신이 전자의 문장을 들으면 고맙다고 하겠지만 〈예뻐 보인다〉는 말을 듣는다면 불쾌하게 생각할 것이다.

4. 동사의 명령법

〈…하십시오〉란 표현은 원래 접속법(subjuntivo)이라는 시제를 쓰는 바, 여기서는 우선 각 동사의 변화형만 알아두기 바란다.

hablar(말하다) : hable Vd. 〔당신이〕 말씀 하십시오.

hablen Vds. 〔당신들이〕 잡수십시오.

comer (먹다) : coma Vd. 잡수십시오, 드십시오.
coman Vds. 〔당신들이〕 잡수십시오.
escribir (쓰다) : escriba Vd. 〔당신이〕 쓰십시오.
escriban Vds. 〔당신들이〕 쓰십시오.

위의 예문과 같이 부정명령일 경우에는 각각 동사 앞에 부정사 no를 붙이면 된다. 접속법 시제는 다음 기회에 설명하기로 한다.

❀ 질문 (Preguntas)

다음 물음에 스페인어로 대답하시오.

1) ¿Con quién habla la señorita Alcalá?
2) ¿Cómo está Isabel?
3) ¿Cómo está la señorita Alcalá?
4) ¿Quiere un vaso de agua la señorita Alcalá?
5) ¿Está fría el agua?
6) ¿Qué lee Isabel?
7) ¿Qué aprende?
8) ¿Dónde está el papá de Isabel?
9) ¿Dónde está su mamá?
10) ¿Qué tiene su mamá en el jardín?
11) ¿Quién está sentada cerca de la ventana?
12) ¿Cómo está Juanita?
13) ¿Quién está en la calle?
14) ¿Con quién va a platicar la señorita Alcalá?

LECCION DOCE

En casa de José

José : Carlos, ¿Vd. por aquí a esta hora? ¿No trabaja Vd. esta noche? ¿A quién busca?

Carlos : Busco a Enrique. No le① veo, pero creo que va a pasar por aquí.

J. : No está aquí en este momento. Pase Vd. y espere un rato.

C. : Gracias, pero Vd. está ocupado y le molesto, ¿no?

J. : ¡Claro que no, hombre! Necesito solamente unos minutos para terminar esta carta. (Carlos entra en la casa.) Si Vd. va a esperar mucho tiempo, ¿no quiere leer el periódico?② Aquí lo tiene Vd.

C. : Muchas gracias. A veces, como esta noche, no tengo tiempo para leer el periódico en casa.

J. : ¿O quiere Vd. escuchar la radio? Creo que en este momento hay un programa de música mexicana.

C. : No, gracias. Voy a leer el periódico.

J. : ¿No escucha Vd. la radio?

C. : ¡Cómo no! Siempre que estoy en casa a esta hora escucho programas mexicanos o cubanos.

J. : Yo también si no estoy ocupado. Hoy día esa música es muy popular. Y Vd. ve muchos programas de televisión, ¿verdad?

C. : Sí, todas las noches, como todo el mundo, si hay programas buenos, porque hay muchos malos, ¿verdad? Ahora veo muchos programas porque en mi cuarto tengo un televisor nuevo, muy bueno. Pero termine Vd. su carta, por favor.

J. : Muy bien. Si Enrique llama a la puerta, abra Vd., por favor. Con permiso.

C. : ¡Cómo no!

(Mientras Carlos lee el periódico, José termina su carta. Unos minutos después alguien llama a la puerta y Carlos abre. Ve a su amigo Enrique y le saluda. José le saluda también y le invita a entrar. Los tres jóvenes platican un rato y por último Carlos invita a sus amigos a tomar algo en un café que está cerca.)

① le는 이 경우 직접 목적어로서 〈그를(*him*)〉의 뜻인 바 스페인에서 이렇게 표현한다. 그러나 중남미에서는 le보다는 lo를 많이 쓰는 경향이 있다.
② 〈신문〉이란 뜻이며 일간지를 말할 때에는 보통 'diario'를 쓴다.

※ 어휘 (Vocabularios)

1. 명사 : el cuarto (방) Enrique (남자 이름 : 영어의 *Henry*에 해당) el minuto (분, 잠깐) el mundo (세계) el periódico (신문) el permiso (허가, 허락) la puerta (문 : *door*) el televisor (TV 셋트, 수상기)

2. 형용사 : malo, -a (나쁜) ocupado, -a (바쁜, 사용중, 통화중인) popular (인기있는, 대중의)

3. 동사 : abrir (열다) buscar (찾다) entrar (en) (들어가다) esperar (기다리다, 희망하다) invitar (a+inf.) (초대하다) llamar (부르다, 노크하다) molestar (괴롭히다, 방해하다) saludar (인사하다) ver (보다)

4. 기타 단어들 : alguien (누군가, 어떤 사람) cerca (가까이) mientras (…하는 동안 : 접속사임) si (만일 …한다면, …인지 아닌지 : 영어의 *if, whether*에 해당) unos, -as (약간의, 몇몇의)

5. 관용적 표현 : aquí (lo) tiene Vd. 여기에 그것이 있읍니다. buscar el periódico (신문을 찾다) ¡claro que no! (물론 아니죠 !) con (su) permiso (실례하겠읍니다) en este (ese) momento (이〔그〕 순간) hoy día (오늘날) los tres jóvenes (세 사람의 청년들) por aquí (이 근처에) por último (마지막으로, 드디어) tener tiempo para (또는 de) leer (읽을 시간을 가지다) todo el mundo (모든 사람, 전세계)

※ 문법 (Gramática)

1. ver (보다) 동사 : 불규칙동사 ver (*to see*)의 직설법 현재 변화는 다음과 같다.

veo, ves, ve, vemos, veis, ven

2. 전치사 a에 대하여 : 영어와는 달리 스페인어에서는 직접목적어가 일정한 사람일 경우에는 타동사의 목적어 앞에 전치사 a를 붙인다. 단 tener 동사 다음에는 그렇지 아니하다.

Ve a su amigo.	그는 자기 친구를 본다.
Busco a Enrique.	나는 엔리께를 찾고 있다.
Tiene sus padres.	그는 양친 부모가 계시다.
¿A quién busca Vd.?	당신은 누구를 찾으십니까?
¿Ve Vd. a alguien?	당신은 누군가를 보십니까?

3. 직접목적대명사 : 직접목적어는 스페인어에서 다음과 같다.

me(나를) te(너를) le(그를, 당신을〔남성〕) la(그 여자를, 당신을〔여성〕) lo(그것을〔사물일 경우〕) nos(우리를) os(너희들을) los(그들을, 당신들을) las(그들을, 당신들을〔여성〕)

앞에서도 언급한 바와 같이 le는 중남미에서는 lo로 흔히 대치되어 쓰인다. 그리고 los와 las는 비단 사람이 아니더라도 사물의 경우에도 쓰일 수 있다.

4. 목적대명사의 위치 : 스페인어에서 목적대명사는 동사의 원형(infinitvo)과 긍정명령형의 경우를 제외하고는 항상 동사 앞에 놓인다.

Juan abre la puerta. 후안은 문을 연다.

이 경우 la puerta를 목적대명사로 바꾸면 la가 되며, 이 문장을 다시 써 보면 Juan la abre. (후안은 그것을 연다.)가 된다.

Él y yo vemos a los muchachos. 그와 나는 소년들을 본다.

이 문장에서 los muchachos를 목적대명사로 바꾸면 los가 된다. 따라서 문장을 다시 정리하면 다음과 같이 된다. Él y yo los vemos. 그리고 타동사의 목적어가 사람일 때 붙이는 전치사 a는 필요없게 된다.

한 가지 예를 더 들어보자. 가령 No esperamos a María. (우리는 마리아를 기다리지 않는다.)에서 María를 목적대명사로 바꾸면 여성단수이므로 la가 되며 이를 다시 쓰면 No la esperamos가 되는 것이다.

5. entrar(들어가다) 동사는 자동사이기 때문에 그 뒤에 장소가 올 때에는 전치사 en을 붙인다.

Entro en el cuarto. 나는 방에 들어간다.

Enrique entra. 엔리께는 들어간다.

※ 질문(Preguntas)

다음 물음에 스페인어로 대답하시오.

1) ¿A quién busca Carlos?
2) ¿Le ve?
3) ¿Entra en la casa de José?
4) ¿Qué tiene que terminar José?
5) ¿Quiere esperar Carlos?
6) ¿Lee el periódico?
7) ¿Qué programas escucha en la radio?
8) ¿Ve Carlos muchos programas en la televisión?
9) ¿Cómo son muchos programas?
10) ¿Qué tiene Carlos en su cuarto?
11) Cuando alguien llama a la puerta, ¿quién abre?
12) ¿A quién ve Carlos?
13) ¿Saluda José a Enrique?
14) ¿Platican un rato los tres jóvenes?
15) ¿A dónde van a tomar algo?

LECCION TRECE

¿Vas al café?

Luis : ¿Cómo estás①, Ramón?

Ramón : Muy bien, gracias. ¿Qué hay de nuevo?

L. : Nada de particular, pero espero a José Navarro. Tú le conoces, ¿no?

R. : Sí, le conozco bien. Es un muchacho muy simpático.

L. : ¿Sabes dónde② está?

R. : No lo sé, pero casi todas las tardes va al café a esta hora. ¿Por qué no le buscas allí?

L. : Es una buena idea. ¿No quieres ir conmigo a tomar algo?

R. : Con mucho gusto. Necesito tomar algo porque estoy un poco cansado.

(Mientras caminan despacio hacia el café, ven a José que baja de un autobús. José no los ve cuando baja, pero Luis le llama y le invita a ir al café también. Pronto llegan y entran. Buscan una mesa desocupada y cuando están sentados, Luis llama al camarero.③ Ramón toma café solo; José, café con leche, y Luis, una limonada. Entonces entran tres amigas y Luis las invita a tomar algo. Platican un momento y como el camarero está muy ocupado, Luis pregunta qué desean.)

Luis : ¿Qué tomas, Leonor? ¿Té o chocolate?

Leonor : Voy a tomar té caliente, gracias. Aquí siempre hay buen té.

Luis : ¿Con limón?

Leonor : Sin limón, por favor, pero con un poco de azúcar.

Luis : ¿Y tú, Rosa?

Rosa : Voy a tomar un helado.

Luis : ¿De vainilla o de chocolate?

Rosa : De vainilla, por favor.

Luis : ¿No deseas un café con el helado?

Rosa : No, gracias, solamente un vaso de agua fría.

Luis : ?Y qué tomas tú, Isabel?

Isabel : Pues, yo voy a tomar chocolate.

Luis : Está bien. Creo que el camarero va a estar aquí en un momento.

① 영어의 2인칭 *you*는 친칭과 존칭의 구별이 없으나 스페인어에서는 구분이 된다. 즉 tú는 2인칭으로서 친한 사이에 쓰이며, usted는 존칭으로서 쓰이며 해당 동사는 3인칭형을 쓴다. 따라서 스페인어에서는 이 두 가지 어법을

잘 파악하여 써야만 상대방에게 실례가 안 된다.

② 직접 질문시 스페인어에서는 의문사에 액선트를 찍으며, 간접 질문시에도 마찬가지이다. 가령 〈그는 어디 있읍니까?〉는 "¿Dónde está (él)?"이며 〈당신은 그가 어디에 있는지 아십니까?〉 "¿Sabe Vd. dónde está (él)?"의 경우에도 공히 'dónde'란 의문사에 액선트가 필요함에 유의하기 바란다.

③ camarero는 웨이터를 말하며 México에서는 'mesero', Argentina에서는 mozo라고 한다.

※ 어휘 (Vocabularios)

1. **명사 :** el autobús (버스 : 복수는 autobuses; 액선트는 없어짐) el azúcar (설탕) el camarero (웨이터) Eduardo (남자 이름) Leonor (여자 이름) el limón (레몬) la limonada (레몬 주우스) la mesa (테이블, 탁자) el té (차〔茶〕, *tea*) la vainilla (바닐라) Ramón (남자 이름)

2. **형용사 :** buen (좋은) caliente (뜨거운) desocupador (자리가 빈) mal (나쁜)

3. **동사 :** bajar (de) (…에서 내리다) caminar (걷다) conocer (알다, 만나다 : 영어의 *to know*) desear (원하다, 바라다) preguntar (묻다, 질문하다) saber (알다)

4. **기타 단어들 :** despacio (천천히) hacia (…를 향해서) sin(…없이 : 영어의 *without*에 해당)

5. **관용적 표현 :** está bien (좋습니다, 됐읍니다) nada de particular (특별한 것이 없다, 그저 그렇다) no (lo) sé (모르겠다) ¿qué hay de nuevo? (뭐 새로운 것이 있나요? : 인사말) un café (코오피 한 잔) un poco de (약간의…)

※ 문법 (Gramática)

1. 불규칙동사 saber와 conocer

saber와 conocer 동사의 직설법 현재 변화는 각각 다음과 같다.

sé, sabes sabe, sabemos, sabéis, saben

이 경우 1인칭 및 2인칭복수 형태만은 규칙 변화이다.

conozco, conoces, conoce, conocemos, conocéis, conocen

이 경우 1인칭단수만이 불규칙 변화이고 나머지는 규칙적으로 변함을 알 수 있다.

2. saber 와 conocer 의 차이

둘 다 〈…을 알다〉라는 의미를 갖고 있으나 그 용법에는 차이가 있다. 즉 saber 는 어떤 사실을 알거나 또는 어떤 지식을 갖고 있다는 뜻을 지니고 있는 데 반해 conocer 는 사람이나 〈지리를 잘 안다〉 또는 〈무엇에 친숙하다〉는 뜻이다.

Sé la lección. 나는 학과를 안다. (즉 잘 이해하고 있다는 뜻)

¿Saben leer el español? 그들은 스페인어를 읽을 줄을 압니까?

Conozco a su padre. 나는 그의 부친을 안다.

Conoce bien la ciudad. 그는 그 도시를 잘 안다.

(즉 그 도시의 지리를 잘 알고 있다라는 의미이다)

3. bueno 와 malo 의 수약형

형용사 bueno(좋은)와 malo(나쁜)는 그것이 단수로서 남성명사 앞에 올 때 -o 가 탈락되어 각각 buen 과 mal 이 된다. 단 이들 형용사가 수식하는 명사 다음에 위치할 때에는 그렇지 아니하다.

Aquí siempre hay buen té. 여기에서는 항상 차(茶) 맛이 좋다.

Es un mal muchacho. 그는 나쁜 소년이다.

Es una buena idea. 그것은 좋은 생각이다.

Tiene muchos buenos amigos.

그는 많은 좋은 친구들을 갖고 있다.

즉 남성명사 앞에 놓이더라도 복수일 경우에는 bueno 의 -o 가 탈락되지 않는다.

Hay un programa muy bueno. 매우 좋은 프로가 하나 있다.

이처럼 bueno 가 수식어 다음에 올 때에는 역시 어미 -o 가 탈락되지 않는다.

※ 질문 (**Preguntas**)

다음 물음에 스페인어로 대답하시오.

1) ¿Cómo está Ramón?
2) ¿Qué hay de nuevo?
3) ¿A quién espera Luis?
4) ¿Le conoce Ramón?
5) ¿Cómo es José?
6) ¿Sabe Ramón dónde está?
7) ¿Hacia dónde caminan los dos?
8) ¿De dónde baja José?
9) ¿Qué buscan cuando entran en el café?
10) ¿Qué toma Ramón?
11) ¿Qué toma José?
12) ¿Y Luis?
13) ¿Quiénes entran entonces?
14) ¿Qué va a tomar Leonor?
15) ¿Lo toma con limón?
16) ¿Qué va a tomar Rosa?
17) ¿Desea un café también?
18) ¿Qué toma Isabel?

LECCION CATORCE

¿Vas de compras?

Isabel : (Enfrente de su casa.) ¡Hola, Carmen! ¿A dónde vas?

Carmen : Voy de compras, Isabel. Mi hermana Anita me espera en el centro. Voy a buscar un sombrero nuevo. ¿No quieres ir conmigo?

I. : Sí, con mucho gusto. Esta tarde no estoy ocupada y también tengo que ir de compras. Pero no tengo aquí el dinero que mi papá me da cada semana para comprar lo que necesito; lo tengo en la casa. Un momento, Por favor.

(Las dos muchachas toman un autobús para ir al centro, donde Anita las espera enfrente de una tienda grande. Cuando llegan, ella les abre la puerta, todas entran y van a un mostrador donde hay sombreros. Una empleada les pregunta qué desean y Carmen le dice que busca un sombrero.

Luego la empleada le enseña varios sombreros.)

Empleada : Tenemos sombreros de todas clases, señorita.

Carmen : Me gusta este rojo. ¿Qué precio tiene?

Emp. : Diez dólares, señorita.

Carmen : Pues, me parece un poco caro. ¿Qué crees, Anita? ¿No es demasiado?

Anita : No me parece barato, y todavía tienes que comprar otras cosas, ¿no?

Emp. : Señoritas, la verdad es que para estos tiempos es barato. Pero un momento, tenemos otros menos caros. Aquí tiene Vd. este sombrero blanco, pequeño y muy lindo. Como Vd. sabe, estos sombreros están muy de moda este año.

Isabel : Realmente es precioso. No me gusta el rojo. Es demasiado grande y hay muchos del mismo estilo, en todos colores.

Emp. : Este blanco es el único de este estilo.

Carmen : ¿Qué precio tiene?

Emp. : Creo que ocho dólares... No, menos. Solamente seis dólares.

Carmen : Está bien. No quiero ver más. Lo tomo. Aquí tiene Vd. el dinero.

Emp. : Muchas gracias. Adiós, señoritas.

※ 어휘 (Vocabularios)

1. **명사** : la clase(종류) la compra(구입, 쇼핑) la cosa(물건) el dólar(달러 : 미국의 화폐 단위) la empleada(여점원) el estilo(스타일) la moda(유행) el mostrador(진열장) el precio(가격, 값) la tienda(상점, 가게)

2. **형용사** : barato, -a(값이 싼) caro, -a(값이 비싼) demasiado(너무 많은, 너무 비싼) lindo, -a(예쁜, 아름다운) mismo, -a(같은, 동일한) precioso, -a(귀여운, 예쁜, 아름다운) único, -a(유일한)

3. **동사** : decir(말하다, 이야기하다 : 영어의 *to say* 나 *to tell* 에 해당)
   enseñar(보여 주다, 가르치다)

4. **기타 단어** : enfrente de(…의 앞에) lo que(…하는 것 : 영어의 *what, that which* 에 해당. 즉 선행사를 포함하는 관계대명사임)

5. **관용적 표현**
   creo que ocho dólares. 8弗이라고 생각해요.
   estar muy de moda 아주 유행이다
   ir de compras(쇼핑가다) lo tomo(그것을 사겠읍니다)
   me gusta(este sombrero) (〔이 모자〕가 내 마음에 든다)
   no me gusta(el rojo) (나는 〔그 빨간 것이〕 마음에 들지 않는다)
   ¿qué precio tiene?(값이 얼마입니까?)

※ 문법 (Gramática)

1. **불규칙 동사 decir**
   decir(말하다, 이야기하다 : 영어의 *to say, to tell*)의 직설법 현재 변화는 다음과 같다.
   digo, dices, dice, decimos, decís, dicen.

2. **간접목적대명사**
   스페인어의 간접목적대명사는 다음과 같다.
   me(나에게) te(너에게) le(그에게, 그 여자에게, 당신에게, 그것에게) nos(우리에게) os(너희들에게) les(그들에게, 그 여자들에게, 당신들에게, 그것들에게)
   Me da el dinero. 그는 나에게 돈을 준다.
   Nos dicen la verdad. 그들은 우리에게 진실을 이야기한다.
   (즉 사실대로 말한다라는 뜻)

No le enseño el sombrero.

나는 그에게 (그 여자에게) 모자를 보여 주지 않는다.

Ella les pregunta qué desean.

그 여자는 그들에게 무엇을 원하느냐고 묻는다.

Carlos les abre la puerta. 까를로스는 그들에게 문을 열어 준다.

스페인어에서 간접목적대명사의 위치는 앞에서 설명한 직접목적대명사의 경우와 마찬가지로 동사의 원형과 긍정명령형을 제외하고는 동사 앞에 온다.

3인칭 간접목적대명사 le와 les는 각각 그 뜻이 애매할 경우가 있으므로 중복해서 쓰기도 한다.

Le doy a Vd. el libro. 나는 당신에게 그 책을 준다.

이 경우 le만 쓰면 그 뜻이 〈그에게, 그 여자에게, 당신에게〉의 뜻이 될 수도 있어 모호하기 때문에 'a Vd.'란 중복형을 써서 분명하게 한다.

Le doy el dinero a María. 나는 그 돈을 마리아에게 준다.

이 때도 le의 뜻이 모호한 것을 방지하기 위해 'a María'를 중복해서 쓰면 애매성이 없어진다.

Ella le enseña el sombrero a su papá.

그 여자는 자기 아빠에게 모자를 보여 준다.

여기서 le는 a su papá를 지칭하는 것으로서 일종의 동격이라 할 수 있다.

스페인어에서 직접 및 간접목적대명사가 동시에 같은 문장에서 쓰일 때의 어순은 간접목적대명사가 직접목적대명사 보다 앞선다. 가령 María me da el libro. (마리아는 나에게 그 책을 준다.)라는 문장에서 el libro 즉 직접목적어를 대명사로 바꾸면 lo가 되며, 이 문장을 다시 정리해서 〈마리아는 나에게 그것을 준다.〉라고 표현한다면 "María me lo da."가 된다. 다시 말해서 간접목적대명사 me가 직접목적대명사 lo 보다 앞에 놓인다.

4. 명사로서 쓰이는 형용사

No me gusta el rojo. 나는 빨간 것이 마음에 들지 않는다.

위의 문장에서 rojo가 형용사인 것을 "el sombrero rojo"(빨간 모자) 대신에 쓰인 것이다. 즉 형용사가 명사적으로 쓰일 경우에는 그것이 지칭하는 명사의 성과 수에 따라 일치해야만 한다.

※ 질문(Preguntas)

다음 물음에 스페인어로 대답하시오.

1) ¿Dónde está Isabel?
2) ¿A quién saluda?
3) ¿A dónde va Carmen?
4) ¿Quién la espera en el centro?
5) ¿Qué va a buscar Carmen?
6) ¿También quiere ir de compras Isbel?
7) ¿Qué le da su padre cada semana?
8) Cuando llegan al centro, ¿dónde está Anita?
9) ¿Qué les pregunta la empleada?
10) ¿Qué le dice Carmen?
11) ¿Tienen muchos sombreros?
12) ¿Qué precio tiene el sombrero rojo?
13) ¿Lo compra Carmen?
14) Según Isabel, ¿cómo es el sombrero blanco?
15) ¿Qué precio tiene el blanco?
16) ¿Lo toma Carmen?

LECCION QUINCE

Los días de la semana

Sr. Muñoz : Presten atención, muchachos. Escuchen bien lo que voy a preguntar. Isabel, ¿a qué hora sale Vd. de casa por la mañana?

Isabel : Casi siempre salgo a la calle a las ocho menos cuarto.

Sr. M. : ¿A qué hora llega Vd. a la escuela?

I. : A las ocho menos cinco. Siempre llego temprano, excepto cuando tengo que esperar a mi amiga María. A veces llega tarde a mi casa.

Sr. M. : Eduardo, ¿tiene Vd. frío ahora?

Eduardo : No, señor, al contrario, tengo mucho calor.

Sr. M. : A veces tiene Vd. sueño en la clase, ¿verdad?

E. : Sí, es cierto; pero cuando tengo sueño, Vd. siempre me pregunta algo.

Sr. M. : Naturalmente, porque siempre es necesario prestar mucha atención, ¿verdad? Abra Vd. una ventana, por favor, porque necesitamos aire fresco. Y Vd., José, ¿tiene sed?

José : No, no tengo sed. Tengo mucha hambre. No tomo mucho en el desayuno y como ya son las once y media, pues, ya tengo mucha hambre.

Sr. M. : ¿Cóme Vd. en casa o en la escuela?

José : En la escuela. No tengo tiempo de ir a casa porque vivo lejos.

Sr. M. : Antonio, ¿cuántos días tiene la semana?

Antonio : La semana tiene siete días, y cada día tiene veinte y cuatro horas.

Sr. M. : ¿Qué día de la semana es hoy?

Antonio : Es jueves.

Sr. M. : ¿Tenemos clases los sábados?

Antonio : No, señor, no hay clases los sábados. Tenemos clases los lunes, los martes, los miércoles, los jueves y los viernes.

Sr. M. : Felipe, ¿tenemos clases mañana?

Felipe : No, señor, el viernes es día de fiesta.

Sr. M. : ¿A dónde quiere Vd. ir mañana?

Felipe : Quiero ir al campo con mis padres a visitar a mis abuelos que viven allí.

Sr. M. : ¿A dónde vamos el domingo, Anita?

Anita : El domingo por la mañana vamos a la

iglesia. Por la tarde leemos, estudiamos o damos paseos.

Sr. M. : Está bien. Ya es hora de ir a comer. Salgan Vds. despacio, por favor. Hasta el lunes.

※ 어휘 (Vocabularios)

1. 명사 : el aire (공기) la atención (주의) el calor (더위, 뜨거움, 열) la fiesta (축제) el frío (추위, 차거움) el hambre (*f.*) (공복, 배고픔) la iglesia (교회) la sed (갈증, 목마름) el sueño (잠, 꿈)

2. 형용사 : fresco, -a (신선한, 서늘한) necesario, -a (필요한)

3. 동사 : prestar (빌려 주다) salir (de) (…로부터 나가다, 떠나다) visitar (방문하다)

4. 기타 단어들 : lejos (멀리) temprano (이른, 일찍)

5. 관용적 표현 : al contrario (오히려, 반대로, 도리어) el día de fiesta (축제일, 휴일) el domingo por la mañana (일요일 아침에, 오전에) en el desayuno (조반중에, 아침 식사중에) (ir) a la iglesia (교회에 〔가다〕) prestar (mucha) atención (〔많은〕 주의를 기울이다) salir a la calle (거리로 나가다) salir de casa (집에서 나가다, 외출하다)

※ 문법 (Gramática)

1. 불규칙 동사 salir

salir (나가다, 떠나다)는 불규칙 동사로서 직설법 현재의 변화는 다음과 같다.

salgo, sales, sale, salimos, salís, salen 1인칭단수 salgo만이 불규칙임.

<명령형> salga Vd. (당신은 나가십시오, 떠나십시오)이며 복수가 되면 salgan Vds.가 된다.

Mi amigo sale.	내 친구는 떠난다 (또는 외출한다).
Sale a la calle.	그는 거리로 나간다.
Salimos de la casa a las ocho.	우리는 8시에 집을 떠난다.

앞에서 살펴보았던 동사 entrar(들어가다)가 전치사 en을 취하는데 반해 salir 동사는 전치사 de(…로부터의 뜻)를 취한다.

2. tener 동사의 관용구 : tener 동사 다음에 calor, frío, hambre, sed, sueño가 오면 각각 〈덥다〉, 〈춥다〉, 〈배가 고프다〉, 〈목이 마르다〉, 〈졸립다〉의 뜻이 된다.

위에 나온 말들은 모두 명사이므로 〈몹시〉, 〈대단히〉, 〈매우〉란 수식어를 붙이려면 부사가 아니라 형용사를 사용해야만 한다. 가령 〈나는 매우 덥다.〉라고 표현한다면 "Tengo mucho calor."로, 〈그는 매우 목이 마르다.〉로 표현하려면 "Él tiene mucha sed."가 되어야 한다. hambre는 여성명사이지만 앞에서 설명한 agua의 경우처럼 정관사는 el hambre가 된다는 점을 유의해 주기 바란다.

위의 숙어는 영어에서는 be동사 다음에 각각 'warm, cold, hungry, thirsty, sleepy를 붙여 표현되기 때문에 스페인어와 표현방식이 매우 다르므로 잘 이해해 둘 필요가 있다고 본다.

3. 요일 이름

스페인어로 주의 요일명을 일요일부터 시작하여 el domingo, el lunes, el martes, el miércoles, el jueves, el viernes, el sábado인 바, 영어와는 달리 요일명은 소문자로 쓴다. el domingo하면 두가지 뜻을 갖는 바, 하나는 일요일 자체를 말하며, 다른 하나는 전치사(영어에서는 *on*을 붙임)를 붙이지 않고 〈일요일에〉의 뜻을 나타낸다.

일요일과 토요일을 복수로 바꾸면 -s가 붙게 되어 domingos, sábados가 된다. 그러나 나머지 요일들은 단수와 복수 형태가 마찬가지이며 오직 정관사만이 los로 바뀐다.

los lunes(매월요일에)　los domingos(일요일마다)

Hasta el lunes.　월요일에 만납시다.

Hoy es sábado.　오늘은 토요일이다.

ser동사 다음에 오는 경우를 제외하고는 요일 이름과 함께 정관사가 쓰인다(앞의 2개 예문을 참조 바람).

Vamos a la iglesia los domingos.
우리는 매주 일요일 교회에 간다.

Tenemos clases los lunes.　우리는 월요일마다 수업이 있다.

4. 일부 불규칙 동사의 명령형

원 형	단 수		복 수	
dar (주다)	dé	Vd.	den	Vds.
decir (말하다)	diga	Vd.	digan	Vds.
estar (있다)	esté	Vd.	estén	Vds.
ir (가다)	vaya	Vd.	vayan	Vds.
salir (나가다, 떠나다)	salga	Vd.	salgan	Vds.

불규칙 동사의 명령형은 대개 역시 불규칙 변화인 바, 따로 암기해 둘 필요가 있다.

※ 질문 (**Preguntas**)

다음 물음에 스페인어로 대답하시오.

1) ¿Qué hora es?
2) ¿A qué hora sale Vd. de casa por la mañana?
3) ¿A qué hora llega Vd. a la escuela?
4) ¿A qué hora entra Vd. en esta clase?
5) ¿Tiene Vd. frío?
6) ¿Tiene Vd. sed?
7) ?Tiene Vd. mucha hambre?
8) ¿Tiene Vd. sueño en la clase?
9) ¿Tiene Vd. mucho calor ahora?
10) ¿Qué día de la semana es hoy?
11) ¿Es día de fiesta?
12) ¿Cuántos días tiene la semana?
13) ¿Cuántas horas tiene el día?
14) ¿Tiene Vd. clases los sábados?
15) ¿Tiene Vd. clases los domingos?
16) ¿A dónde vamos los domingos?
17) ¿Va Vd. a la escuela todos los días?
18) ¿Tiene Vd. clases mañana?
19) ¿A qué hora sale Vd. de esta clase?
20) ¿Va Vd. a casa ahora?

LECCION DIECISEIS

Por teléfono

(Es miércoles. Cuando Juan llama a María por teléfono, la abuela de ella contesta.)

Abuela : ¡Bueno!

Juan : ¿Hablo con la casa del Sr. Martín?

Abuela : Sí, señor. ¿Con quién quiere Vd. hablar?

Juan : Con María, por favor. ¿Está en casa?

Abuela : Creo que sí, señor. Espere Vd. un momento, por favor.

(Juan no tiene que esperar mucho tiempo.)

María : ¡Bueno!

Juan : ¿Qué tal, María? Habla Juan.

María : Perfectamente, gracias. ¿Y tú, Juan?

Juan : Muy bien, gracias. ¿Qué hay de nuevo?

María : Nada de particular.

Juan : ¿Estás ocupada ahora? Papá me dice que no va a necesitar el coche hasta las seis. ¿No quieres dar una vuelta conmigo?

María : Gracias, pero no puedo. Tengo que terminar una carta a mi mamá, que ahora está en

México. Le escribo a ella dos veces por semana y espera mi carta el sábado.

Juan : Bueno, ¿tienes cita para el sábado por la noche?

María : No, no tengo cita para entonces.

Juan : Mi club va a tener una tertulia esa noche. Primero vamos a comer en casa de Felipe, y después, vamos a bailar en el club campestre. ¿Quieres ir conmigo?

María : Con mucho gusto; especialmente contigo.

Juan : Muchas gracias. Eres muy amable. Carlos va a llevar a Dorotea Castillo y pueden ir con nosotros.

María : Está bien. No conozco a Dorotea, pero me dicen que es muy simpática. Siempre es más divertido ir a un baile con otra pareja y sé que va a ser un placer estar con ellos. ¿A qué hora nos esperan en casa de Felipe?

Juan : A las siete. Puedo estar en tu casa a las siete menos cuarto.

María : Muy bien. Voy a estar lista. Entonces, hasta el sábado.

※ 어휘 (**Vocabularios**)

1. 명사 : el baile (댄스) la pareja (상대, 파트너) el placer (즐거움, 기쁨) el teléfono (전화) la tertulia (파아티, 모임) la vuelta (드라이브)

2. 형용사 : campestre(시골의) divertido, -a(재미있는) listo, -a(준비된)

3. 동사 : bailar(춤추다) contestar(대답·답장하다) esperar(기다리다, 희망하다) llevar(데리고 가다, 가져가다) poder(…할 수 있다)

4. 기타 단어들 : contigo (너와 함께) (perfectamente) (좋습니다, 잘 지냈읍니다)

5. 관용적 표현

¡bueno!	여보세요! (전화에서 대답할 때)
creo que sí(no)	나는 그렇게 생각합니다 (생각하지 않습니다).
dar una vuelta	산책하다, 차로 드라이브하다.
dos veces	두 번, 두 차례
habla Juan	후안입니다 (전화통화에서)
¿hablo con la casa del Sr. Martín?	거기가 마르띤 씨 댁입니까?
por semana	주에
por teléfono	전화로
¿qué tal?	어때? (어떻게 지냈느냐고 안부를 묻는 친근한 표현임)

※ 문법 (**Gramática**)

1. 불규칙 동사 poder

영어의 *can*에 해당되는 poder(…할 수 있다) 동사의 직설법 현재 변화는 다음과 같다.

puedo, puedes, puede, podemos, podéis, pueden

poder 동사는 querer, desear, necesitar 등과 마찬가지로 아무런 전치사가 필요없이 직접 다른 동사와 함께 쓰인다.

2. 전치사의 목적어로서 쓰이는 대명사

전치사 para 다음에 인칭대명사가 올 때 다음과 같다.

para {mí, ti, él, ella, usted}

para {nosotros, -as, vosotros, -as, ellos, ellas, ustedes}

이 때 para는 …을 위해서(영어의 *for*에 해당)의 뜻을 갖는다.

para yo(나를 위해서)라고는 문법상 쓸 수가 없으며, 반드시 "para

mí"라고 해야 맞다.

para 뿐만 아니라 다른 전치사와 함께 쓰일 때도 마찬가지다.

Este sombrero es para él. 이 모자는 그를 위한 것이다.

Viven cerca de nosotros. 그들은 우리들 가까이 살고 있다.

Estudiamos con ellos. 우리는 그들과 함께 공부한다.

¿Hablan de mí? 그들은 나에 대해서 이야기 하고 있읍니까?

Entramos en él. 우리는 그 안에 들어간다.

(이 때 él은 사람이 아니라 사물을 대명사로 표현한 경우임.)

Ella va conmigo (contigo). 그 여자는 나와 함께 (너와 함께) 간다.

이상에서 본 바와 같이 전치사의 목적어로서 쓰이는 대명사는 1인칭단수 및 2인칭단수(mí와 ti)를 제외하고는 모두 주격인칭대명사와 동일하다. mí는 소유격 mi(나의)와 구별하기 위하여 액센트가 찍힌다. ti는 그렇지 않다. 그리고 전치사 con (영=*with*)와 함께 쓰일 때 con mí가 아니라 특이하게 conmigo이며, 2인칭단수에서도 con ti가 아니라 contigo이다.

3. 전치사형 목적격은 때로는 강조를 목적으로 직접목적대명사와 간접목적대명사와 함께 쓰인다.

Me enseña a mí el mapa. 그는 나에게 지도를 보여 준다.

이 경우 me만 써도 내용이 충분하나 a mí를 씀으로써 강조형이 된다. 즉 "그는 다른 사람이 아니라 바로 내게 지도를 보여 준다."라는 뜻이 내포되어 있다.

Le doy a él el dinero. 나는 그에게 돈을 준다.

Le doy a ella el dinero. 나는 그 여자에게 돈을 준다.

Le doy a Vd. el dinero. 나는 당신에게 돈을 준다.

반면 위의 세 문장에서는 le만 가지고는 뜻이 분명치 못하기 때문에 a él, a ella, a Vd."를 씀으로써 le가 뜻하는 바를 명확히 밝혀 주는 것이다.

4. llevar는 〈데리고 가다, 갖고 가다〉의 뜻을 지니고 있으며, 그 뜻은 문맥상 구별이 가능하다.

La lleva al baile. 그는 그 여자를 무도회에 데리고 간다.

No lleve Vd. el libro a casa. 그 책을 집에 갖고 가지 마십시오.

5. tomar는 영어의 *take*와 마찬가지로 여러 가지 뜻을 지니고 있다.

Toma café en el desayuno. 그는 아침 식사시 코오피를 든다.

No puedo tomar el coche. 나는 차를 잡을 수가 없다.
Lo toma en la mano y lo lleva a casa.
그는 자기 손으로 그것을 들고 집에 가져간다.

※ 질문 (**Preguntas**)

다음 물음에 스페인어로 대답하시오.

1) ¿Qué día es?
2) ¿Quién llama a María?
3) ¿Quién contesta?
4) ¿Está en casa María?
5) ¿Cómo está ella?
6) ¿Qué hay de nuevo?
7) ¿Está ocupada María?
8) ¿A quién escribe una carta?
9) ¿Tiene cita para el sábado por la noche?
10) ¿Qué va a tener el club de Juan?
11) ¿A dónde van a comer?
12) ¿A dónde van después?
13) ¿Quiere ir con él María?
14) ¿A quién va a llevar Carlos?
15) ¿Conoce María a Dorotea?
16) ¿A qué hora los esperan?

LECCION DIECISIETE

¿Qué tiempo hace?

Sr. Sánchez : Inés, ¿qué tiempo hace hoy?

Inés : Hace mal tiempo. Hace mucho viento y hay mucha nieve.

Sr. S. : También hace frío, ¿verdad?

Inés : Sí, señor, hace mucho frío.

Sr. S. : ¿Le gusta a Vd. el invierno?

Inés : No me molesta el frío, pero no me gusta el viento.

Sr. S. : ¿Cómo son los días de invierno? ¿Son largos?

Inés : No, son cortos, pero las noches son largas. En verano, al contrario. los días son largos y las noches, cortas.

Sr. S. : Eduardo, ¿le gusta a Vd. el verano?

Eduardo : No, señor, no me gusta, porque siempre hace calor aquí. Me gusta la primavera porque es una estación muy agradable. Es cierto que a veces llueve mucho, pero generalmente hace buen tiempo.

Hay sol y no hace mucho calor. Tambien el otoño es agradable.

Sr. S. : Rafael, ¿sabe Vd. cómo son las estaciones en la Argentina?

Rafael : ¡Ya lo creo, señor Sánchez! Mi hermano, que trabaja en Buenos Aires en una compañía norteamericana, me escribe mucho acerca del país.

Sr. S. : ¿Qué tiempo hace allí ahora? ¿Hace frío?

Rafael : No, señor. Hace mucho calor. Cuando en esta parte del mundo es invierno, es verano en la Argentina, y en otros países como el Uruguay, el Paraguay y Chile.

Sr. S. : ¿No quiere Vd. pasar sus vacaciones allí con su hermano?

Rafael : ¡Cómo no! Pero este año no puedo. Mi hermana que vive en México va a pasar tres o cuatro semanas con nosotros durante el verano.

Sr. S. : ¿Vive en la capital su hermana?

Rafael : Sí, señor, y dice que allí el clima es muy agradable. A causa de la elevación, hace fresco todo el año.

※ 어휘 (Vocaularios)

1. **명사** : la capital(수도) el clima(기후) la compañía(회사) la elevación(고도) la estación(계절, 역 : 복수는 estaciones) el invierno (겨울) la nieve(눈[雪]) el otoño(가을) la primavera(봄) Rafael(남자 이름) el sol(해, 태양) el tiempo(날씨, 시간) las vacaciones(방학, 휴가) el verano(여름) el viento(바람)

2. **형용사** : corto, -a(짧은) largo, -a(긴)

3. **동사** : hacer(하다, 만들다 : 영 *to do, to make*) llover(비가 오다, 실제로는 llueve 로 씀.)

4. **기타 단어들** : a causa de(…때문에) acerca de(…에 관해서) durante(…동안에)

5. **관용적 표현** :

hace buen(mal) tiempo	날씨가 좋다(나쁘다).
hay sol	햇볕이 쪼인다.
¿le gusta a Vd. el invierno?	당신은 겨울을 좋아하십니까?
no me gusta	나는 그것을 싫어한다.
¿qué tiempo hace?	날씨가 어떻습니까?
todo el año	일년내내
¡ya lo creo!	물론이지요!

※ 문법 (Gramática)

1. 불규칙 동사 hacer

〈…하다〉 또는 〈만들다〉의 뜻을 가진 hacer 동사의 직설법 현재 변화는 다음과 같다.

hago, haces, hace, hacemos, hacéis, hacen

1 인칭단수형만이 불규칙임을 알 수 있다.

〈명령형〉	haga Vd.	당신이 하십시오.
	hagan Vds.	당신들이 하십시오.

2. hacer 와의 관용구

¿Qué tiempo hace? 날씨가 어떻습니까?, 어떠한 날씨입니까?

Hace buen(mal) tiempo.

좋은(나쁜) 날씨입니다. 또는 날씨가 좋습니다(나쁩니다).

Hace frío(fresco). 날씨가 춥다(선선한다).

No hace (mucho) calor. 날씨가 (매우) 덥지 않다.
Hace (mucho) viento. 바람이 (몹시) 분다.

위에서와 같이 날씨를 말할 때에는 hace를 쓴다. 그 다음에 오는 말들은 형용사가 아니라 명사이기 때문에 〈매우, 대단히, 몹시〉란 말은 부사가 아니라 형용사를 써야 한다. 왜냐 하면 부사는 명사를 수식할 수 없고 형용사가 명사를 수식할 수 있기 때문이다. 〈햇볕이 난다〉는 표현은 hay를 쓰기도 한다.

Hay (Hace) sol. 햇볕이 나 있다.
El café está caliente. 코오피는 뜨겁다.
La nieve es fría. 눈은 차갑다.

위의 두개 문장에서 첫번째는 estar를 써서 코오피가 뜨겁다는 현재상태를 나타내고 있는 한편 la nieve와는 es(즉 ser 동사)를 쓰고 있는 바, 이는 눈(雪)의 속성을 나타내기 때문이다. 다시 말해서 차갑지 않은 눈은 없기 때문이다.

3. 계절 이름과의 정관사

계절 이름 앞에는 정관사를 붙인다. 그러나 ser 동사 다음과 전치사 de 또는 en 뒤에서는 보통 생략된다.

No me gusta el verano. 나는 여름을 좋아하지 않는다.
Es invierno ahora. 지금은 겨울이다.
Llueve mucho en primavera. 봄에는 비가 많이 온다.

베나르마데나의 해안

※ 질문 (Preguntas)

다음 물음에 스페인어로 대답하시오.

1) ¿Qué tiempo hace hoy?
2) ¿Hace frío?
3) ¿Hace calor?
4) ¿Hay sol?
5) ¿Hace mucho viento?
6) ¿Hay nieve hoy?
7) ¿Qué estación es?
8) ¿Qué tiempo hace aquí en invierno?
9) ¿Qué tiempo hace en verano?
10) ¿En otoño?
11) ¿Qué hay en invierno?
12) ¿Le gusta a Vd. la nieve?
13) ¿Le gusta a Vd. el invierno?
14) ¿Es invierno en la Argentina ahora?
15) ¿Le gusta a Vd. el verano?
16) ¿Por qué (no) le gusta a Vd. el verano?
17) ¿Cómo son los días de verano?
18) ¿Los días de invierno?
19) ¿Cómo son las noches de inverno?
20) ¿Las noches de verano?
21) ¿Llueve mucho ahora?
22) ¿En qué estación llueve bastante?

LECCION DIECIOCHO

¿Quiere Vd. hacer un viaje?

Miguel : Buenas tardes, Horacio.

Horacio : Muy buenas. Miguel. ¿Va Vd. al café a esta hora?

Miguel : No, voy a casa del señor Moreno para platicar con él.

Horacio : ¿A qué hora vuelve a casa los sábados?

Miguel : Vuelve a eso de las dos. Aunque no trabaja el sábado por la tarde, almuerza en el centro. Me espera a las tres para hablar de mi viaje de vacaciones.

Horacio : ¿A dónde piensa Vd. ir?

Miguel : ¿No sabe Vd.? Mi papá piensa hacer un viaje a México y me dice que puedo ir con él. Estoy encantado.

Horacio : ¡Qué bueno! ¿Van Vds. en coche?

Miguel : No, en avión. Tenemos poco tiempo porque papá tiene solamente dos semanas de vacaciones. Creo que podemos estar allí unos diez días. ¿No quiere Vd. ir con nosotros?

Horacio : Me gusta mucho la idea, pero no tengo dinero. Cuesta mucho el boleto de avión, ¿verdad?

Miguel : Pues, ahora no, y es posible hacer el viaje en unas seis horas.

Horacio : ¿No va su mamá?

Miguel : Esta vez, no. A mi mamá no le gusta viajar en avión y quiere visitar a mis abuelos.

Horacio : Ya veo por qué quiere Vd. practicar el español con el Sr. Moreno.

Miguel : Pues, naturalmente. Siempre que platicamos, me cuenta cosas interesantes acerca de la vida y las costumbres de su país.

Horacio : No hay duda que entiende Vd. bien el español.

Miguel : Espero que sí. Nuestro viaje va a ser más agradable si puedo hablar español con los mexicanos. Bueno, ya es hora de ir a casa del señor Moreno. Si tiene Vd. tiempo, vuelva por aquí esta noche y podemos platicar más.

Horacio : Gracias. Nos vemos a las siete o a las siete y media

Miguel : Muy bien. Hasta luego.

※ 어휘 (Vocabularios)

1. **명사** : el avión(비행기) el boleto(Méx.)(티켓) la costumbre(풍습) la duda(의문, 의심) Horacio(남자 이름) Miguel(남자 이름) el viaje(여행)

2. **형용사** : encantado, -a(매혹된) posible(가능한)

3. **동사** : almorzar(ue)(점심을 들다) contar(ue)(세다, 이야기하다) costar(ue)(비용이 들다) entender(ie)(이해하다) gustar(마음에 들다) pensar(ie)(생각하다, +원형 : …할 작정이다, 계획하다) viajar(여행하다) volver(ue)(돌아가다, 돌아오다)

4. **접속사** : aunque(비록 …할지라도)

5. **관용적 표현** : a eso de(…경〔시간에서〕) boleto de avión(항공권) buenas tardes(오후 인사 : 영어의 *good afternoon*) en avión(비행기로, 항공편으로) en coche(자동차로) esperar que sí(그렇기를 바란다) hacer un viaje(여행을 하다) muy buenas(오후 인사 : buenas tardes 혹은 buenas noches에 대한 대답으로 하는 인사말) nos vemos(또 뵙겠읍니다, 또 만납시다란 뜻) piensa ir(그는 가려고 한다) ¡qué bueno!(참 잘 됐군요!) viaje de vacaciones(휴가 여행)

※ 문법 (Gramática)

1. 어간변화 동사

pensar(생각하다〔*to think*〕)의 직설법 현재 변화

pienso, piensas, piensa, pensamos, pensáis, piensan

〈명령형〉 piense Vd. piensen Vds. 생각하십시오.

이상과 같이 pensar 동사는 1인칭 및 2인칭복수를 제외하고는 어간모음 'e'가 'ie'로 변한다. 따라서 어간변화 동사라고 부른다.

volver(돌아가다 〔*to return*〕)의 직설법 현재 변화

vuelvo, vuelves, vuelve, volvemos, volvéis, vuelven

〈명령형〉 vuelva Vd., vuelvan Vds. 돌아가십시오 돌아오십시오.

이상과 같이 제 2 변화동사에 속하는 volver는 1인칭 및 2인칭복수형을 제외하고는 어간모음 'o'가 'ue'로 변한다.

2. gustar(마음에 들다) 동사의 용법

gustar 동사는 특수 용법을 갖고 있으므로 유의해야 한다.

Me gusta el sombrero. 나는 그 모자가 마음에 든다,
나는 그 모자를 좋아한다.

Me gusta. 나는 그것을 좋아한다, 나는 그것이 마음에 든다.

No me gustan los coches. 나는 차들을 좋아하지 않는다,
차들이 내 마음에 들지 않는다.

Le gustan estas flores. 그는 이 꽃들을 좋아한다,
이 꽃들은 그의 마음에 든다.

Nos gusta viajar. 우리는 여행하기를 좋아한다.

¿Le gusta a usted leer? 당신은 읽기를〔독서〕 좋아하십니까?

위에서와 같이 gustar 동사는 특수용법을 갖고 있다. 즉 우리말로는 〈나는 모자를 좋아한다〉라고 해서 "Yo gusto el sombrero."라고는 쓰지 않으며, 직역을 하면 내가 목적어가 되고 실제 목적어인 모자가 주어가 되는 식으로 표현한다.

따라서 세 번째 문장에서는 los coches가 복수이기 때문에 동사도 gustan(3인칭복수 형태)이 된 것이다. 다시 말해서 gustar 동사는 3인칭단수 또는 복수 형태로만 쓰인다.

뜻이 애매할 경우에는 앞에서 설명한 바 있는 전치사 목적대명사를 쓰며, 뜻이 분명하더라도 강조하기 위해서 중복형이 쓰이기도 한다. 예를 들면

Le gusta a Horacio esta casa. 오라시오는 이 집을 좋아한다.

A mí me gusta viajar. 나는 여행하기를 좋아한다.
(a mí는 강조형으로 쓰임)

마요르카 섬 최대의 도시 파르파

※ 질문 (**Preguntas**)

다음 물음에 스인어로 대답하시오.

1) ¿A dónde va Miguel?
2) ¿A qué hora le espera el Sr. Moreno?
3) ¿De qué van a hablar?
4) ¿A dónde piensan ir Miguel y su papá?
5) ¿Van en coche?
6) ¿Cuántas semanas de vacaciones tiene su papá?
7) ¿Cuántos días van a estar en México?
8) ¿Puede ir con ellos Horacio?
9) ¿Cuesta mucho el boleto de avión?
10) ¿También va la mamá de Miguel?
11) ¿Le gusta a ella viajar en avión?
12) ¿A quiénes va a visitar?
13) ¿Qué practica Miguel con el señor Moreno?
14) ¿Entiende bien el español?

LECCION DIECINUEVE

¿Qué hace Vd. durante el día?

(La Srta. López entra en la sala de clase y se sienta detrás de la mesa. Todos los alumnos ya están sentados y ella les dice: «Cierren ustedes los libros y los cuadernos, y presten mucha atención». Luego empieza a hacer preguntas en español.)

Srta. López : ¿Cómo se llama Vd., señor?

Pablo : Me llamo Pablo Martínez.

Srta. L. : ¿Se despierta Vd. temprano por la mañana?

Pablo : Generalmente me despierto a las siete menos cuarto, pero si no, mi mamá me llama a esa hora.

Srta. L. : ¿Se levanta Vd. en seguida?

Pablo : No me levanto hasta las siete.

Srta. L. : Alfonso, ¿qué hace Vd. cuando se levanta?

Alfonso : Primero me limpio los dientes, me lavo la cara y las manos, y generalmente me baño si me levanto a tiempo. Luego me visto y, por último, bajo al comedor a tomar el desayuno. Me siento en seguida porque casi siempre mi familia ya está sentada cuando llego.

Srta. L. : ¿Qué toma Vd. en el desayuno?

Alfonso : Solamente chcolate y pan tostado o pan dulce.

Srta. L. : ¿No toma Vd. café?

Alfonso : A veces, sí, pero no me gusta mucho.

Srta. L. : ¿Toma Vd. las otras comidas en casa?

Alfonso : Ceno en casa con mifamilia, pero almuerzo en la escuela.

Srta. L. : ¿A qué hora almuerza Vd.?

Alfonso : A las doce.

Srta. L. : María, ¿a qué hora cenan en su casa?

María : Entre semana, a eso de las seis. Los domingos comemos a la una, y cenamos más tarde.

Srta. L. : ¿Se acuesta Vd. temprano?

María : Casi siempre me acuesto entre las diez y las diez y media. Pero a veces, especialmente los sábados, no me acuesto hasta la medianoche.

Srta. L. : ¿A qué hora sale Vd. de casa por la mañana?

María : Salgo a las ocho menos diez. Carmen

pasa por mí a esa hora y me acompaña a la escuela.

Srta. L. : ¿A qué hora empiezan nuestras clases?

María : A las ocho y cuarto.

Srta. L. : ¿Y a qué hora empieza esta clase?

María : A las nueve.

Srta. L. : Bueno, ya termina la clase. Salgan Vds. despacio y no hagan ruido, por favor.

※ 어휘 (**Vocabularios**)

1. Alfonso (남자 이름) la cara (얼굴) la comida (식사, 저녁 식사) el cuaderno (공책) el diente (이, 치아) la mano (손 : 여성명사) limpiar (씻다, 닦다) la medianoche (자정) el pan (빵) la pregunta (질문) la sala de clase (교실)

2. 형용사 : dulce (단) tostado, -a (구운, 볶은)

3. 동사 : acompañar(동반하다, 함께 가다) acostarse(ue) (잠자리에 들다, 눕다) bajar (내려가다) bañarse (목욕하다) cerrar (ie) (닫다) despertarse (ie) (잠을 깨다) empezar (ie) (a+원형) ([…하는 것을] 시작하다) lavar (씻겨 주다) lavarse (씻다) levantar (들다, 일으키다) levantarse (일어나다) llamarse (이름이 …이다, …라고 불리우다) vestirse (옷을 입다) sentarse (ie) (앉다)

4. 기타 단어 : entre (사이에 : 영어의 *between, among*) por (…대신에, …을 위해서)

5. 관용적 표현 : en seguida (즉시) entre semana (주중에) hacer preguntas (질문을 하다) más tarde (…후에, 뒤에) pan dulce (단빵) pan tostado (토스트) pasa por mí (나를 데리러 들린다, 온다) ya termina la clase (이만 수업을 마칩니다)

※ 문법 (Gramática)

1. 재귀대명사 (pronombres reflexivos)

스페인어의 재귀대명사는 다음과 같다.

me(나 자신을) te(너 자신을) se(그 자신을, 그 여자 자신을, 당신 자신을) nos(우리들 자신을) os(너희들 자신을) se(그들 자신을, 그 여자들 자신을, 당신들 자신을)

재귀대명사는 직접 및 간접목적어로서 사용되며 1인칭과 2인칭단수는 직접 및 간접 목적대명사 형태와 마찬가지다.

재귀대명사의 3인칭 경우는 단수형과 복수형이 동일하다. (se 참조)

2. 재귀동사 lavarse의 변화

재귀동사 lavarse(씻다)의 직설법 현재 변화는 다음과 같다.

me lavo(나는 씻는다) te lavas(너는 씻는다) se lava(그는 씻는다, 그 여자는 씻는다, 당신은 씻는다) nos lavamos(우리는 씻는다) os laváis(너희들은 씻는다) se lavan(그들은 씻는다, 그 여자들은 씻는다, 당신들은 씻는다)

재귀동사란 주어의 동작이 자신에게로 돌아가는 것을 말한다. 가령 lavar는 타동사로서 〈씻겨 준다, 씻어 주다〉란 뜻을 갖고 있다. Yo lavo al niño. (나는 어린아이를 씻겨 준다)라는 문장에서 lavo는 어디까지나 타동사이다. 그러나, Yo me lavo는 재귀동사로서 lavar의 동작이 주어인 '나'에게로 돌아가는 것이다. 즉 〈나는 나 자신을 씻겨 준다〉 다시 말해서 〈나는 씻는다〉라는 뜻이 된다.

Felipe se levanta tarde. 펠리뻬는 늦게 일어난다.
Él y yo nos acostamos temprano. 그와 나는 일찍 자리에 눕는다.
¿Cómo te llamas? 네 이름은 무엇이지?

이 경우 직역을 한다면 〈너는 네 자신을 어떻게 부르느냐?〉가 된다. 따라서 대답에서도 역시 Me llamo…처럼 재귀동사를 써야 한다.

3. 기타 재귀동사 변화

기타의 몇 가지 재귀동사의 직설법 현재 변화를 살펴보기로 하자.

acostarse(자리에 눕다)

me acuesto, te acuestas, se acuesta, nos acostamos, os acostáis, se acuestan.

bañarse(목욕하다)

me baño, te bañas, se baña, nos bañamos, os bañáis, se

bañan.

despertarse (잠을 깨다)

me despierto, te despiertas, se despierta, nos despertamos, os despertáis, se despiertan.

llamarse (이름이 …이다, …라고 불리우다)

me llamo, te llamas, se llama, nos llamamos, os llamáis, se llaman.

sentarse (앉다)

me siento, te sientas, se sienta, nos sentamos, os sentáis, se sientan.

vestirse (옷을 입다)

me visto, te vistes, se viste, nos vestimos, os vestís, se visten.

아울러 위의 동사들 가운데 acostarse 는 어간모음 o 가 ue 로, despertarse 는 어간모음 e 가 ie 로, sentarse 는 어간모음 e 가 ie 로, vestirse 는 어간모음 e 가 i 로 각각 변하는 어간변화 동사들이다. 단 이 경우 1인칭 및 2인칭 복수 형태는 규칙대로 변한다는 점을 유의해 두기 바란다.

4. 소유격 대신에 쓰이는 정관사

Levanta la mano. 그는 자기의 손을 든다.

Él y ella se lavan la cara. 그와 그 여자는 자기들의 얼굴을 씻는다.

Tiene el sombrero en la mano. 그는 자기 손에 모자를 갖고 있다.

Su sombrero está en la mesa. 그의 모자는 탁자 위에 있다.

위에 예시된 세개의 문장에서 소유격 대신에 해당되는 정관사를 쓰고 있는 바 스페인어에서는 이와 같이 신체의 부분이나 의류 등을 이야기할 때에는 소유자가 누구인지 분명하므로 소유격을 쓰지 않고 정관사를 쓴다.

정관사는 또한 사람과 밀접하게 관계된 다른 명사들과 함께 소유격을 대치하기도 한다.

Tengo el reloj en la mano. 나는 손에 내 시계를 갖고 있다.

Cierren Vds. los libros. 여러분의 책들을 덮으십시오.

※ 질문 (**Preguntas**)

다음 물음에 스페인어로 대답하시오.

1) ¿Cómo se llama usted?
2) ¿A qué hora se despierta Vd.?
3) ¿A qué hora se levanta Vd.?
4) ¿Se levanta Vd. a esa hora todos los días?
5) ¿Qué hace Vd. cuando se levanta?
6) ¿Se baña Vd. por la mañana?
7) ¿A qué hora toma Vd. el desayuno?
8) ¿Dónde lo toma usted?
9) ¿Con quién(es) lo toma Vd.?
10) ¿Qué tomamos en el desayuno?
11) ¿A qué hora almuerza usted?
12) ¿Almuerza Vd. en la escuela?
13) ¿A qué hora cena usted?
14) ¿Le gusta a Vd. tomar café?
15) ¿A qué hora se acuesta Vd.?
16) ¿Se acuesta Vd. temprano los sábados?
17) ¿Tiene Vd. reloj?
18) ¿Qué hora es?
19) ¿A qué hora empieza esta clase?
20) ¿A qué hora termina?
21) ¿A qué hora vuelve Vd. a casa todos los días?
22) ¿Tiene Vd. que estudiar esta noche?
23) ¿Le gusta a Vd. hablar español?
24) ¿Escribe Vd. sus ejercicios en su cuaderno?

LECCION VEINTE

Los deportes

Arturo : ¡Hola. Felipe! Hágame Vd. el favor de esperar un momento.

Felipe : ¡Qué gusto en verle a Vd., Arturo!

A. : ¿Tiene Vd. planes para mañana por la noche?

F. : Todavía no sé. Creo que Carlos Rodríguez viene a mi casa, pero no sé lo que vamos a hacer.

A. : Hay un partido de básquetbol en mi escuela y mi padre va a llevarme en el coche. Vd. y Carlos pueden ir con nosotros, si quieren.

F. : Es una buena idea. No juego al básquetbol, pero soy muy aficionado a ese deporte. Es demasiado rápido para mí.

A. : Y para mí también, pero me gusta mucho y voy a todos los deportes. Este año tenemos muy buen equipo. Todos los jugadores son muy buenos y creo que vamos a ganar el campeonato. ¿Y qué otro deporte le gusta a

Vd.?

F. : El béisbol me gusta más que el básquetbol, y juego mucho.

A. : ¿Y le gusta el tenis?

F. : Sí, mucho, pero no juego bien. Y Vd., ¿sabe jugar?

A. : Juego bastante y espero jugar con el equipo de mi escuela este año. El verano que viene quiero aprender el golf. Mi papá juega mucho y puedo acompañarle al club campestre. Dígame, Felipe, ¿no juegan al fútbol los cubanos?

F. : Sí, el fútbol tiene muchos aficionados, pero es muy distinto del fútbol que juegan en los Estados Unidos. Es de estilo "soccer". Pero el deporte nacional es el béisbol.

A. : Ah, sí, ya recuerdo. Como sabe usted, en los Estados Unidos los equipos de béisbol tienen muchos jugadores cubanos. Bueno, ahora tengo que hacer unas compras. ¿Va usted a estar en casa mañana por la tarde? ¿Puedo llamarle por teléfono para saber si Carlos está allí?

F. : No me llame hasta las cuatro, por favor. Cuando Carlos viene a mi casa, casi siempre llega en el autobús de las tres.

A. : Está bien. Hasta mañana.
F. : Adiós. Saludos a su familia.

※ 어휘 (Vocabularios)

1. 명사 : el aficionado (팬) Arturo (남자 이름) el básquetbol (농구) el béisbol (야구) el campeonato (선수권 대회) el deporte (스포오츠, 운동) el equipo (티임) el fútbol (축구) el golf (골프) el jugador (선수) el partido (시합, 경기) el plan (계획) el saludo (인사) el tenis (정구, 테니스)

2. 형용사 : aficionado, -a (…을 좋아하는) distinto, -a (다른) nacional (국가의 : 영어의 *national*) rápido, -a (빠른)

3. 동사 : ganar (이기다, 벌다) jugar (ue) (a 를 동반하여 〔어떤 스포오츠를〕 하다) recordar (ue) (기억하다) venir (오다 : 영어의 *to come*)

4. 기타 단어들 : ah (아 !) que (…보다)

5. 관용적 표현 : el autobús de las tres (3 시 버스) el partido (de básquetbol) (〔농구〕 경기 · 시합) el verano que viene (돌아오는 여름) gustar más (…을 더 좋아하다) haga (n) Vd (s). el favor de (esperar) (청컨대 〔기다려〕 주십시오) jugar al básquetbol (fútbol) (농구〔축구〕를 하다) ¿puedo llamarle...para saber? (…을 알기 위해서 당신에게 전화를 걸어도 될까요 ?) ¡qué gusto en (verle a Vd.) ! (〔당신을〕 뵈니 참 반갑군요 !) ¿sabe Vd. jugar? (〔어떤 운동을〕 할 줄 아십니까 ?) ser aficionado a (…을 좋아하다)

※ 문법 (Gramática)

1. 불규칙 동사 venir 와 jugar

venir (오다) 와 jugar (놀다, 경기를 하다) 의 직설법 현재 변화는 각각 다음과 같다.

vengo, vienes, viene, venimos, venís, vienen.

〈명령형〉 venga (n) Vd (s). 오십시오.

juego, juegas, juega, jugamos, jugáis, juegan (즉 어간모음 'u' 가 'ue'로 변한다)

〈명령형〉 juegue (n) Vd (s). 놀으십시오, (운동을) 하십시오.

2. 목적대명사의 위치

동사의 원형 (infinitivo)의 목적어로서 사용되는 목적대명사의 위치는 다음과 같다.

Vienen a verlo. 그들은 그것을 보러 온다.

Mi padre va a llevarme.
나의 아버지는 나를 데리고 가시려고 하신다.

Quiere acompañarnos. 그는 우리를 동반하기를 원한다.

앞에서 설명하기를 목적대명사는 통상 동사 앞에 놓인다고 했던 것을 상기할 것이다. 그러나 긍정명령과 동사원형의 목적어로 쓰일 때에는 그것이 동사 다음에 오고 직접 붙여 쓴다.

Voy a sentarme. 나는 앉으려고 한다, 나는 앉겠다.

No podemos levantarnos. 우리는 일어날 수가 없다.

위의 예문과 같이 재귀대명사는 원형 (inf.) 다음에 올 때에는 붙여 쓰며 동사의 주어와 같은 인칭을 써야만 한다.

3. 명령에 있어서 목적대명사의 위치

Llámeme Vd. mañana. 내일 나에게 전화 거십시오.

No me llame Vd. hasta las cuatro.
4시까지는 내게 전화하지 마십시오.

Ábranlos Vds. en seguida. 당신들은 그것들을 즉시 여십시오.

No los abran Vds. todavía.
당신들은 그것들을 아직 열지 마십시오.

위에서 볼 수 있는 바와 같이 목적대명사는 그것의 긍정명령의 목적어로 쓰일 때에도 또한 동사 뒤에 놓이며 바로 붙여 쓰이게 된다. 이 경우 한 가지 유의할 점은 음절이 늘 경우에는 동사변화형의 힘주어 발음되는 음절의 모음 위에 액센트를 찍어야만 한다.

그러나 위의 경우와는 달리 부정명령일 때에는 목적대명사는 동사 앞에 놓인다(위의 예문을 참조할 것).

재귀동사의 긍정명령일 경우에도 목적대명사는 역시 동사 뒤에 오고 붙여 쓴다. 예를 들면 다음과 같다.

Levántese Vd. 일어나십시오.

Siéntense Vds. 당신들 앉으십시오.

그러나 부정명령일 때에는 동사 앞에 놓인다.

No se levante Vd. 일어나지 마십시오.

No se sienten Vds. 당신들 앉지 마십시오.

4. '청컨대' (영어로 *please*)의 번역

Venga Vd. a verme, por favor. 나를 만나러 좀 와 주십시오.
Hágame Vd. el favor de esperar. 좀 기다려 주십시오.
Háganme Vds. el favor de escuchar. 여러분, 좀 들어주십시오.
Haga Vd. el favor de escribirme. 나에게 좀 편지해 주십시오.

※ 질문 (Preguntas)

다음 물음에 스페인어로 대답하시오.

1) ¿Tenemos equipo de básquetbol?
2) ¿Tenemos buen equipo?
3) ¿Hay un partido esta noche?
4) ¿Ve Vd. los partidos?
5) ¿Vamos a ganar el campeonato?
6) ¿Cuántos jugadores hay en un equipo de básquetbol?
7) ¿Le gusta a Vd. el básquetbol?
8) ¿Juega Vd. al básquetbol?
9) ¿Le gusta a Vd. el fútbol?
10) ¿Juega Vd. al fútbol?
11) ¿Cuántos jugadores hay en un equipo de fútbol?
12) ¿En qué estación jugamos al fútbol?
13) ¿Qué jugamos en primavera?
14) ¿Juega Vd. al béisbol?
15) ¿Es usted aficionado (aficionada) al béisbol?
16) ¿Cuántos jugadores hay en un equipo de béisbol?
17) ¿Espera Vd. jugar este año?
18) ¿Sabe Vd. jugar al tenis?
19) ¿Tenemos equipo en esta escuela?
20) ¿Sabe Vd. jugar al golf?
21) ¿Dónde podemos jugar al golf?
22) ¿Juega usted con su padre?

LECCION VEINTIUNA

En casa de Eduardo

Jaime : ¿Qué tal, Juan?

Juan : Bien, gracias. Pues, Jaime, ¿qué pasó anoche? Traté dos veces de llamarte por teléfono.

Jaime : Pasé la noche en casa de Eduardo. Mis padres se marcharon para México ayer por la tarde y Eduardo me acompañó cuando los llevé al aeropuerto. Despúes de la partida del avión, llevé a Eduardo a su casa y su madre me invitó a pasar la noche allí.

Juan : ¿Estudiaste con Eduardo?

Jaime : No, no estudiamos. Cenamos temprano y luego escuchamos unos discos de música hispanoamericana. Eduardo tiene un tocadiscos nuevo de alta fidelidad que es magnífico. A eso de las ocho Eduardo, su madre, su hermana María y yo nos sentamos a jugar a los naipes. Poco después pasaron por la casa varios amigos de Eduardo y de María. Platicamos un rato y después empezamos a bailar.

Juan : ¿Bailaste mucho?

Jaime : ¡Cómo no! María baila bien la rumba y el tango y me gusta bailar con ella, el tango especialmente. Bailamos hasta las once porque a esa hora se marcharon los muchachos. Como no nos acostamos hasta la medianoche, esta mañana nos levantamos tarde, y no nos desayunamos hasta las nueve. Y tú, ¿cómo pasaste la noche?

Juan : Primero terminé una carta a mi hermano Ricardo, que está ahora en Los Angeles, y después miré la televisión. A eso de las diez me acosté.

Jaime : Bueno, ¿no puedes pasar por mi casa esta noche? Como sabes, voy a estar solo varios días.

Juan : Sí, gracias, con mucho gusto.

Jaime : Entonces nos vemos a las siete. Adiós.

Juan : Hasta luego.

※ 어휘 (**Vocabularios**)

1. 명사 : el aeropuerto (공항) Jaime (남자 이름) el naipe (트럼프) la partida (출발) la rumba (룸바) el tango (탱고)

2. 형용사 : hispanoamericano, -a (중남미의〔스페인어 사용 중남미를 말함〕) magnífico. -a (훌륭한)

3. 동사 : desayunarse (조반을 들다, 아침 식사를 하다) marcharse (떠

나다, 가버리다) pasar(일어나다, 발생하다, 지나가다, 〔시간을〕 보내다) tratar(취급하다, 힘쓰다)

4. 기타 단어들 : anoche(어제밤, 어제 저녁) ayer(어제) después de (…한 다음)

5. 관용적 표현 : ayer por la tarde(어제 오후에) jugar a los naipes(트럼프놀이를 하다) pasar por(mi) casa(〔나의〕 집에 들리다) poco después(이윽고, 곧) tratar de(+inf.)(…하려고 힘쓰다 : 영어의 *to try to*) un tocadiscos de alta fidelidad(hi-fi set〔전축〕)

※ 문법 (Gramática)

1. 규칙동사의 부정과거 (pretérito)

제 1 변화동사인 hablar(말하다)의 직설법 부정과거 변화는 다음과 같다.

hablé(나는 말했다) hablaste(너는 말했다) habló(그는 말했다, 그 여자는 말했다, 당신은 말했다) hablamos(우리는 말했다) hablasteis(너희들은 말했다) hablaron(그들은 말했다, 그 여자들은 말했다, 당신들은 말했다)

여기서 1 인칭복수 변화형 즉 hablamos는 직설법 현재의 변화와 마찬가지임을 알 수 있으며, 문맥으로 보아 그 뜻을 구별할 수가 있다. 그리고 1 인칭 및 3 인칭단수는 액센트가 찍힌다.

이상에서 제 1 변화동사(-ar로 끝나는 규칙동사의 경우)의 부정과거의 어미를 정리해 본다면, -é, -aste, -ó, -amos, -asteis, -aron 이다.

어간변화 동사의 부정과거형은 규칙적으로 변화한다. 가령 sentarse (앉다)의 변화는 다음과 같다.

me senté, te sentaste, se sentó, nos sentamos, os sentasteis, se sentaron 이다.

2. 부정과거의 용법

Hablé con él ayer.	나는 어제 그와 함께 이야기했다.
Platicaron dos horas.	그들은 2 시간 동안 잡담했다.
Me acosté a las diez.	나는 10 시에 잠자리에 들었다.

스페인어의 부정과거 시제는 영어에 있어서의 과거와 마찬가지로 일정한 기간내에 완료된 과거의 동작을 나타낸다. 스페인어에는 불완료과거란 또 하나의 과거시제가 별도로 있음을 미리 밝혀 둔다.

스페인어에서는 의문문 또는 부정문을 표시하는 과거시제에 있어서 아무런 조동사도 필요로 하지 않는다.

¿Estudió Vd. anoche? 당신은 어제밤 공부를 했읍니까?

이 문장의 경우 영어같으면 "*Did you study last night?*"로서 *did* 라는 조동사가 필요하지만 스페인어에서는 그렇지 않다.

No bailamos el tango. 우리는 탱고 춤을 추지 않았다.

이 문장 역시 영어에서는"*We did not dance the tango.*"로서 조동사가 필요하나 스페인어에서는 필요가 없다.

구아다르키비르 강과 로마교

※ 질문(**Preguntas**)

다음 물음에 스페인어로 대답하시오.

A. 1) ¿A quién trató de llamar Juan?
2) ¿Dónde pasó la noche?
3) ¿A dónde llevó Jaime a sus padres?
4) ¿Quién acompañó a Jaime?
5) Después de la partida del avión, ¿a dónde llevó a Eduardo?
6) ¿Estudiaron los muchachos?
7) ¿Cenaron tarde o temprano?
8) ¿Qué escucharon después?
9) ¿Quiénes pasaron por la casa?
10) ¿Qué bailaron?
11) ¿A qué hora se marcharon los muchachos?
12) ¿Se acostaron temprano?
13) ¿Cómo pasó Juan la noche?
14) ¿A qué hora se acostó?

B. 1) ¿Estudió Vd. anoche?
2) ¿Miró Vd. la televisión?
3) ¿A qué hora se acostó usted anoche?
4) ¿A qué hora se levantó Vd. esta mañana?
5) ¿A qué hora se desayunó Vd.?
6) ¿Con quién se desayunó vd.?
7) ¿Tomó Vd. chocolate?
8) ¿A qué hora entró Vd. en la sala de clase?
9) ¿A qué hora empezó esta clase?
10) ¿Juega Vd. a los naipes?
11) ¿Sabe Vd. bailar?
12) ¿Baila Vd. mucho?
13) ¿Tiene Vd. tocadiscos de alta fidelidad?
14) ¿Tiene Vd. discos hispanoamericanos?

LECCION VEINTIDOS

En el cine

Rosa : ¿Qué vas a hacer ahora, Marta?

Marta : En este momento no voy a hacer nada, porque estoy muy cansada. Anoche Carlos me llevó al teatro y no volvimos a casa hasta la una. Así es que me acosté muy tarde.

R. : ¿Qué comedia presentaron?

M. : Una comedia española que me gustó mucho. Entendí bien y aprendí mucho acerca de ciertas costumbres españolas. Pero tú, ¿te quedaste en casa?

R. : Nunca me quedo en casa los sábados por la noche. Marcos me invitó al cine.

M. : Pues, ¿dónde está tu amigo Pablo?

R. : Partió para un viaje ayer por la mañana y no puede volver hasta el mes que viene.

M. : ¿Viste a María y a Roberto?

R. : No vi a nadie porque llegamos tarde.

M. : ¿Qué película presentan ahora?

R. : Una magnífica película mexicana. Hay una orquesta que toca canciones muy bonitas y un joven mexicano que canta muy bien. También hay números de baile típicos. Me gustó especialmente el 《jarabe tapatío》, el baile nacional de México. El muchacho baila bien, pero la muchacha baila divinamente.

M. : Creo que mi mamá vio esa misma película el año pasado y le gustó mucho. Entre los programas de televisión del viernes por la noche vi un precioso grupo de bailarines españoles. Dicen que este grupo va a trabajar en este país unos tres o cuatro meses.

R. : Sí, es cierto. Espero tener oportunidad de verlo.

M. : Yo también. Pero un momento, Rosa, el teléfono suena. Con permiso.

R. : Tú lo tienes.

※ 어휘 (**Vocabularios**)

1. **명사** : el bailarín무용가 : 복수 bailarines, 여성형은 la bailarina 임) la canción (노래 : 복수는 canciones) la comedia (코메디, 희극) el grupo (그룹, 단체) el mes (달 : 영어의 *month*) el número (숫자) la oportunidad (기회) la orquesta (오케스트라) la película (필름, 영화) el teatro (극장) Marta (여자 이름) Rosa (여자 이름)
2. **형용사** : pasado, -a (지난) típico, -a (고유한, 전형적인)
3. **동사** : cantar (노래하다, 노래부르다) partir (de) ([…를] 떠나다) presentar (소개하다, 상영하다) quedarse (머무르다) sonar (ue) (소

리가 나다, 울리다) tocar(연주하다)

4. **기타 단어들 :** así es que(그래서, 따라서) divinamente(완벽하게, 훌륭하게) nada(아무것도 : 영어의 *nothing*, *(not)...anything*) nadie (아무도 : 영어의 *nobody*, *no one*, *(not)...anybody*) nunca(결코…하지 않다 : 영어의 *never*, *(not)...ever*)

5. **관용적 표현 :** el número de baile(춤곡) el sábado por la noche(토요일 밤에) tener oportunidad de(verlo) ([그것을 볼] 기회를 갖다) tú lo tienes(Vd. lo tiene) (물론이지요. 직역하면〈너는 그것을 갖고 있다, 당신은 그것을 갖고 계십니다〉)

※ 문법 ((Gramática)

1. 제 2 변화 및 제 3 변화 규칙동사의 부정과거

규칙동사 comer(먹다)와 vivir(살다)의 부정과거 변화는 다음과 같다.

comí, comiste, comió, comimos, comisteis, comieron.
viví, viviste, vivió, vivimos, vivisteis, vivieron.

위에서 볼 수 있는 바와 같은 규칙동사 제 2 및 제 3 변화의 부정과거 변화는 공히 -í, -iste, -ió, -imos, -isteis, -ieron 임을 알 수 있다. 1 인칭 및 3 인칭 단수에는 액센트가 찍히며, 제 3 변화동사의 1 인칭 복수형은 직설법현재 변화형과 마찬가지다. (예 : vivimos)

-er 로 끝나는 어간변화동사의 부정과거 (예 : volver)는 규칙변화이다.

2. 부정의 표현

Tienen algo.	그들은 무엇인가 갖고 있다.
No tengo nada.	나는 아무것도 갖고 있지 않다.
Nunca hace nada.	그는 결코 아무것도 하지 않는다.
No vi a nadie.	나는 아무도 못 보았다.

부정사 nada, nadie 및 nunca 는 동사 앞 또는 뒤에 올 수 있다. 동사 뒤에 올 때에는 'no' 등 부정어가 동사 앞에 오며, 이러한 부정사들이 동사 앞에 올 경우에는 'no'는 필요치 않게 된다.

¿Qué haces?	너는 무엇을 하고 있니?
Nada.	나는 아무것도 하지 않는다.

alguien 과 nadie 는 사람을 지칭하기 때문에 그것이 동사의 직접목

적어로 쓰일 때에는 전치사 a가 필요하다.

¿Ve usted a alguien? 당신은 누군가를 보십니까?

No busco a nadie. 나는 아무도 찾고 있지 않습니다.

algo와 nada 그리고 alguien과 nadie는 서로 반대의 의미를 갖고 있음을 기억해 두기 바란다.

3. 시간 표현상의 정관사

la semana pasada(지난 주) el año pasado(작년) el mes que viene(다음 달)

semana, mes, año 등 시간의 표현이 형용사에 의해 수식될 때에는 정관사가 함께 쓰인다.

잉카 제국을 정복한 피사로의 동상

※ 질문 (**Preguntas**)

다음 물음에 스페인어로 대답하시오.

A. 1) ¿Qué va a hacer Marta?
2) ¿Por qué no va a hacar nada?
3) ¿A dónde la llevó Carlos anoche?
4) ¿A qué hora volvieron a casa?
5) ¿Qué presentaron en el teatro?
6) ¿Qué aprendió Marta?
7) ¿Se quedó en casa su amiga Rosa?
8) ¿A dónde la invitó Marcos?
9) ¿Dónde está su amigo Pablo?
10) ¿Cuándo va a volver?
11) ¿Vio ella a María y a Roberto?
12) ¿Qué película presentan?
13) ¿Qué hay en ella?
14) ¿Qué es el 《jarabe tapatío》?
15) ¿Qué vio Marta en la televisión el viernes por la noche?
16) ¿Qué suena en ese momento?

B. 1) ¿Le gusta a Vd. bailar?
2) ¿Con quién le gusta a Vd. bailar?
3) ¿Sabe Vd. bailar el 《jarabe tapatío》?
4) ¿Es un baile español?
5) ¿Baila Vd. la rumba?
6) ¿Le gusta a Vd. ir al cine?
7) ¿Ve usted películas extranjeras?
8) ¿Le gustan a Vd. más las películas norteamericanas?
9) ¿Va usted al teatro?
10) ¿Canta usted mucho?
11) ¿Canta Vd. canciones mexicanas?
12) ¿Tiene Vd. discos o cintas de música mexicana?

LECCION VEINTITRES

En el museo

Srta. González : Luisa, ¿a dónde fue Ud.[1] ayer por la mañana? No la vi cuando pasé por su casa.

Luisa : Después de desayunarme, fui a casa de María Blanco, que partió para San Francisco a las nueve. Ud. conoce a María, ¿verdad?

G. : Sí, la conozco bien. ¿Cuánto tiempo va a estar en California?

L. : Casi dos meses. Su padre le dio permiso para pasar unas semanas allí con sus tíos.

G. : ¿Fue en tren o en avión?

L. : En avión, porque no le gusta viajar en tren.

G. : ¿Fue Ud. al aeropuerto con ella?

L. : No, me quedé en su casa hasta que partió. De allí tomé el autobús para ir al centro a buscar varios regalos.

Compré tantas cosas que fue necesario tomar un taxi para volver a casa. Al llegar, limpié mi cuarto y luego me lavé el pelo.

G. : ¿Entonces se quedó Ud. en casa toda la tarde?

L. : No, a las cuatro Eugenia López y yo fuimos al museo de arte a ver una exposición de pinturas.

G. : ¿Todavía está allí la colección de pinturas españolas?

L. : Ya no, pero vimos una magnífica colección de pinturas hispanoamericanas.

G. : ¡Bueno! Hoy día hay muchos pintores excelentes en todos los países hispanoamericanos.

L. : Es cierto. En esta colección hay varias obras mexicanas muy buenas. Me gusta especialmente el arte de México.

G. : Y a mí también.② ¿Sabe Ud. si la colección va a estar aquí mucho tiempo?

L. : Creo que solamente dos o tres días.

G. : Pues, mañana por la tarde tengo que ir a verla.

① 지금까지는 usted의 약자로 Vd.를 써 왔으나 Ud. (단수), Uds. (복수)로 쓸 수도 있다.

② 동사가 표현되지 않을 때에는 대명사의 전치사형이 쓰인다.

※ 어휘 (Vocabularios)

1. 명사 : el arte(예술, 미술) la cabeza(머리) la colección(수집〔품〕) la exposición(전시회) Eugenia(여자 이름) Luisa(여자 이름) el museo(박물관) la obra(작품) el pelo(머리〔모발〕) el pintor(화가) la pintura(그림, 회화) el regalo(선물) el taxi(택시) el tren(기차)

2. 형용사 : excelente(우수한, 훌륭한) tanto, -a(그렇게 많은)

3. 동사 : limpiar(청소하다, 깨끗이하다)

4. 접속사 : hasta que(…할 때까지)

5. 관용적 표현 : a mí tamibén(나도 역시) al llegar(도착하자, 도착함에 있어) ¿cuánto tiempo?(얼마 동안이나?) en tren(기차로) lavarse el pelo(la cabeza) (머리를 감다) museo de arte(미술 박물관, 미술관)

※ 문법 (Gramática)

1. 일부 불규칙 동사의 부정과거

dar(주다)의 부정과거

di, diste, dio, dimos, disteis, dieron

ir(가다)와 ser(*be* 동사, …이다)의 부정과거

fui, fuiste, fue, fuimos, fuisteis, fueron.

위에서 본 바와 같이 ir와 ser동사는 부정과거 변화가 동일하며 문맥으로 보아 그 뜻을 구별할 수밖에 없다.

Fue a Seúl ayer. 그는 어제 서울에 갔다.

El general MacArthur fue un gran militar.

맥아더 장군은 위대한 군인이었다.

즉 전자의 fue는 ir동사의 부정과거로, 후자의 fue는 ser동사의 부정과거로 쓰인 것이다.

2. 전치사 다음의 부정형 (infinitivo)

después de desayunarme(내가 아침 식사를 한 다음에) cansado de leer(읽기에 지쳐서) al llegar a casa(집에 도착하자…) al levantarnos(우리가 일어나자…)

위에서 본 바와 같이 스페인어에서는 전치사 다음에 부정형 즉 동

사의 원형을 쓴다. 영어에서는 이 경우 현재분사(-ing형)를 쓰고 있어 스페인어와는 다르다.

al+inf.는 〈…하자, …함에 있어, …할 때에〉라는 뜻을 갖게 된다.

※ 질문 (Preguntas)

다음 물음에 스페인어로 대답하시오.

1) ¿A dónde fue Luisa?
2) ¿Para dónde partió María?
3) ¿Cuánto tiempo va a estar allí?
4) ¿Fue en tren?
5) ¿Fue Luisa al aeropuerto?
6) ¿Qué tomó para ir al centro?
7) ¿Por qué fue al centro?
8) ¿Qué tomó para volver a casa?
9) ¿A dónde fueron Luisa y Eugenia López?
10) ¿Qué vieron en el museo?
11) ¿Hay muchos pintores hispanoamericanos?
12) ¿Sabe Luisa si la colección va a estar allí mucho tiempo?
13) ¿Quiere verla la señorita González?

포포카테페르토 산(멕시코에서 두 번째로 높은 산)

LECCION VEINTICUATRO

¿A cuántos estamos?

Sr. Ortiz : Lucía, ¿a cuántos estamos hoy?

Lucía : Estamos a primero de febrero de mil novecientos ochenta y cinco.

O. : ¿Qué día de la semana fue ayer?

L. : Fue jueves, treinta y uno de enero. Fue el cumpleaños de mi papá.

O. : ¿Cuántos años tiene su papá?

L. : Tiene cuarenta y siete. Nació en Madrid en el año de mil novecientos treinta y ocho. Mis abuelos vivieron allí varios años antes de volver al país.

O. : Hoy día Madrid es una ciudad bastante grande. ¿Sabe Ud. qué población tiene?

L. : No recuerdo exactamente, pero creo que tiene cinco millones de habitantes, más o menos.

O. : Tiene Ud. razón. Y Barcelona es casi tan grande. Ud. sabe que hay más habitantes en la ciudad de México y en

Buenos Aires, ¿no?

L. : ¡Cómo no! Creo que México tiene más de diez millones de habitantes y Buenos Aires unos seis millones de habitantes. Y hay otras capitales hispanoamericanas como Lima, Santiago, Bogotá, Caracas, Montevideo y la Habana que tienen más de un millón de habitantes. Dígame, señor Ortiz, ¿cómo se llama el día que celebran en la América española el doce de octubre?

O. : Se llama el Día de la Raza.① Como sabe Ud., es el aniversario del día en que Colón descubrió el Nuevo Mundo, en el año de mil cuatrocientos noventa y dos. Colón partió de España el tres de agosto y tardó setenta días en llegar a tierra americana.

L. : Y hoy día podemos hacer el mismo viaje en unas cuantas horas.

O. : Es cierto. La semana pasada mi amigo don Roberto Rodríguez volvió de España en unas siete horas. Pues, tengo otra pregunta, Lucía. ¿Qué se celebra el cuatro de julio en los Estados Unidos②?

L. : Se celebra el aniversario de la independencia del país. Y mi papá me dice que

México celebra su independencia el dieciséis de septiembre③.

O. : Tiene razón su papá. Pues bien, mañana podemos hablar más.

L. : Muchas gracias, señor Ortiz.

① 이는 중남미에서 쓰는 표현이며 스페인어에서는 10월 12일을 el "Día de la Hispanidad"라고 표현한다.
② 미국을 말하며(영어의 *the United States*에 해당), 약자로는 los EE. UU.로 쓴다.
③ 요즘 중남미 지역 일부에서는 setiembre라고 p자를 빼고 쓰는 경향이 있다.

※ 어휘 (Vocabularios)

1. **명사** : el aniversario(기념일) Colón(콜롬부스) el cumpleaños(생일) la fecha(날짜, 일자) la Habana(아바나, Cuba의 수도) el habitante(주민) la independencia(독립) el nacimiento(출생) Lucía(여자 이름) la raza(인종) la tierra(땅)
2. **형용사** : americano, -a(미국의, 아메리카의)
3. **동사** : celebrar(기념하다, 개최하다) descubrir(발견하다) nacer(출생하다, 태어나다) tardar(걸리다, 지연되다)
4. **기타 단어** : antes de(…하기 전에) de(…보다 : 숫자 앞에서) exactamente(정확히) tan(그렇게, 그토록 : 부사)
5. **관용적 표현** : ¿a cuántos estamos hoy?(오늘이 며칠이지요?) estamos a(primero de febrero)(〔2월 1일〕입니다) más o menos(대략, 약) tardó(setenta días) en(…하는 데 〔70일이〕 걸렸다) tener razón(맞다, 옳다) un millón(de)(백만의 : 뒤에는 전치사 de를 씀) unos(-as) cuantos(-as)(약간의, 몇 개의)

※ 문법 (Gramática)

1. 기수(números cardinales)

우리는 앞에서 100까지의 숫자를 살펴본 바 있으며 이제 그 이상의 기수를 알아보기로 하자.

100 (cien[to]) 101 (ciento uno) 102 (ciento dos) 110 (ciento diez) 111 (ciento once) 199 (ciento noventa y nueve) 200 (doscientos, -as) 201 (doscientos uno) 300 (trescientos, -as) 400 (cuatrocientos, -as) 500 (quinientos, -as) 600 (seiscientos, -as) 700 (setecientos, -as) 800 (ochocientos, -as) 900 (novecientos, -as) 999 (novecientos noventa y nueve) 1000 (mil) 1001 (mil uno) 1111 (mil ciento once) 1985 (mil novecientos ochenta y cinco) 1988 (mil novecientos ochenta y ocho) 2000 (dos mil) 3000 (tres mil) 9000 (nueve mil) 9999 (nueve mil novecientos noventa y nueve) 100, 000 (cien mil) 200, 000 (doscientos mil) 900, 000 (novecientos mil) 1, 000, 000 (un millón) 2, 000, 000 (dos millones) 10, 000, 000 (diez millones) 100, 000, 000 (cien millones)

cien (mil) casas (100 채의[1000 채의] 집들) ciento cincuenta y un días (151 일) quinientas veinte y una ciudades (521 개 도시) dos mil alumnos (2 천명의 학생들) un millón de habitantes (100 만명의 인구) dos (cien) millones de hombres (2 백만[1 억]명) mil quinientos treinta y cuatro (1534)

ciento (100)는 모든 명사와 숫자 mil 및 millones 앞에서 to가 탈락되어 cien이 된다.

un은 cien과 mil 앞에서 생략이 되나 millón 앞에서는 생략되지 않는다. millón 또는 millones 다음에 명사가 올 때에는 de를 붙여야 한다. Uno와 uno로 끝나는 숫자는 남성명사 앞에서는 o가 탈락되며 여성 명사 앞에서는 una로 쓰인다.

doscientos, trescientos 등 100대로 되어 있는 숫자는 여성명사 앞에서는 -as (즉 doscientas, trescientas 등)로 써야만 한다.

500, 700, 900은 철자상 주의를 요한다. 스페인어에서 y (접속사: 영=*and*)는 한자리 숫자에만 붙인다.

2. 달[月]의 이름

1년의 달 이름은 소문자로 쓰며 다음과 같다.

enero (1 월) febrero (2 월) marzo (3 월) abril (4 월) mayo (5 월) junio (6 월) julio (7 월) agosto (8 월) septiembre (9 월) octubre (10 월) noviembre (11 월) diciembre (12 월)

각 달의 이름은 모두 남성이며 정관사는 필요로 하지 않는다.

3. 일자 (fechas)

¿A cuántos(또는 A cómo) estamos(hoy)? 〔오늘이〕 며칠입니까? 혹은 ¿Qué fecha tenemos(hoy)?라고도 표현할 수 있다.

Estamos a dos de febrero. 또는 Es el dos de febrero.

2월 2일 입니다.

el primero de enero 1월 1일(에)

el treinta y uno de agosto 8월 31일(에)

매월 초하루를 제외하고 달의 날짜는 기수로 표시된다. 위에 나온 정관사 el은 1일 자체를 나타낼 뿐만 아니라 〈1일에〉라는 뜻도 함 갖고 있다.

Voy a ir a Bogotá el primero de julio próximo.

나는 오는 7월 1일에 보고타에 가려고 한다.

연, 월, 일을 말할 때에는 그대로 다 읽는다. 가령 1985년 2월 10일은 el diez de febrero de mil novecientos ochenta y cinco가 된다.

· 알함브라 궁전의 원경

※ 질문 (**Preguntas**)

다음 물음에 스페인어로 대답하시오.

1) ¿A cuántos estamos hoy?
2) ¿Qué día de la semana es hoy?
3) ¿Qué día de la semana fue ayer?
4) ¿Qué día del mes va a ser mañana?
5) ¿Cuántos años tiene Ud.?
6) ¿En qué año nació Ud.?
7) ¿Cuántos días tiene enero?
8) ¿Cuántos días tiene abril?
9) ¿Mayo?
10) ¿Agosto?
11) ¿Cuántos alumnos hay en esta clase?
12) ¿Cuántos días hay en un año?
13) ¿Es grande la ciudad de Madrid?
14) ¿Qué población tiene?
15) ¿Qué otra ciudad de España es casi tan grande?
16) ¿Cuántos habitantes hay en la ciudad de México y en Buenos Aires?
17) ¿Qué otras capitales hispanoamericanas tienen más de un millón de habitantes?
18) ¿Cuántos habitantes tiene Seúl?
19) ¿Cómo se llama el día que celebran en la América española el doce de octubre?
20) ¿En qué año descubrió Colón el Nuevo Mundo?
21) ¿En qué fecha partió Colón de España?
22) ¿Cuántos días tardó en llegar a tierra americana?
23) ¿Cuánto tiempo necesitamos hoy día para hacer el mismo viaje?
24) ¿Qué se celebra el cuatro de julio en los Estados Unidos?
25) ¿Cuándo celebra México su independencia?

LECCION VEINTICINCO

Por la América del Sur

Guillermo : Buenos días, señor Kim.

Sr. Kim : Buenos días, Guillermo. ¿Qué hizo Ud. anoche? ¿Por qué no vino a mi casa a platicar un rato?

G. : Pues, ¿conoce Ud. a los señores Molina? Anoche vinieron a cenar con nosotros y no quise salir. Después de la cena nos contaron muchas cosas interesantes de la vida y las costumbres de todos los países que visitaron en su viaje por la América del Sur.

K. : Los conocí① el verano pasado, pero no sé nada de su viaje. Dígame Ud., ¿fue su primer viaje por la América del Sur? ¿Cuánto tiempo pasaron allí? ¿Visitaron todos los países? ¿Cuándo partieron y cuándo volvieron?

G. : Partieron en avión el dos de octubre y volvieron el sábado. Fue el tercer viaje de la señora Molina y el cuarto de su esposo. La última vez que viajaron por la América del Sur fue en el año de mil novecientos setenta y nueve. Nos hablaron mucho de los cambios que observaron en la vida de los sudamericanos. Esta vez visitaron todos los países, menos Bolivia y el Paraguay.

K. : ¿Cuál de los países les gustó más?

G. : El Perú. Allí me compraron una cartera de cuero que me gusta mucho, y de allí también le trajeron a mi hermana Andrea una preciosa pulsera de plata. Después de ver las fotografías que sacaron, tengo grandes deseos de ir al Perú. Espero ganar bastante dinero dentro de dos o tres② años para ir a trabajar allí.

K. : Me dicen que en la América española hay buenas oportunidades para los jóvenes extranjeros si saben hablar español. Pues, ya tengo que ir a la oficina. Más tarde podemos platicar más.

G. : Gracias, señor. Adiós.

K. : Adiós. Hasta muy pronto.

① 이미 설명한 바 있거니와 여기서 conocer 는 〈만났다〉, 〈알게 되었다〉의 뜻임.
② 여기서 숫자 대신에 문자로 표기하고 있으나 만약 숫자로 쓸 때에는 '2 ó 3' 으로 써야 된다. 여기서 o위에 액선트를 찍는 이유는 숫자의 o과 혼동될 우려가 있기 때문이다. 즉 스페인어에서 숫자 중간에 〈또는〉, 〈혹은〉이란 뜻을 가진 단어 'o'는 그 위에 액선트를 찍어야만 한다.

※ 어휘 (Vocabularios)

1. 명사 : Andrea (여자 이름)　el cambio (변화)　la cartera (돈지갑, 핸드백)　la cena (저녁 식사)　el cuero (가죽)　el deseo (바람, 소망)　el esposo (남편)　la fotografía (사진 : 줄여서 'foto'라고도 함)　Guillermo (남자 이름)　la oficina (사무실)　la pulsera (팔찌)

2. 형용사 : extranjero, -a (외국의)　sudamericano, -a (남미의)　último, -a (마지막의)

3. 동사 : observar (관찰하다)　sacar (꺼내다, 〔사진을〕 찍다)　traer (가져오다)

4. 기타 단어 : ¿cuál (es)? (어느 것〔들〕?)　dentro de (…내에, …이내에)　menos (…을 제외하고)

5. 관용적 표현 : los señores Molina (몰리나 씨 부부)　tener grandes deseos de (ir) (〔가고 싶은〕 소망이 대단히 크다)　una cartera de cuero (가죽 지갑 한 개)

※ 문법 (Gramática)

1. 불규칙 동사의 부정과거

decir (말하다, 이야기하다)
　dije, dijiste, dijo, dijimos, dijisteis, dijeron.
hacer (하다, 만들다)
　hice, hiciste, hizo, hicimos, hicisteis, hicieron.
querer (원하다, 좋아하다, 사랑하다)
　quise, quisiste, quiso, quisimos, quisisteis, quisieron.
venir (오다)
　vine, viniste, vino, vinimos, vinisteis, vinieron.

이상 살펴본 4개 동사의 부정과거의 특징은 모두 어간에 'i'자가 포함되어 있음을 알 수 있다. 규칙 변화와는 달리 1인칭 및 3인칭단수에는 끝에 액선트가 찍히지 않는다. hacer 동사의 3인칭단수 변화는 발음을 보존하기 위해 c자가 z로 바뀌어져 있다(hizo 참조).

2. 불규칙 동사 traer

traer(가져 오다)의 직설법 현재 변화는 다음과 같다.

traigo, traes, trae, traemos, traéis, traen

〈명령형〉 traiga(n) Ud(s). 가져 오십시오.

또한 traer의 직설법 부정과거의 불규칙 변화는 다음과 같다.

traje, trajiste, trajimos, trajo, trajisteis, trajeron

직설법 현재에서는 1인칭단수(traigo)만이 불규칙이며, 부정과거 변화는 앞에 나온 decir의 그것과 비슷함을 알 수 있다.

3. 서수(números ordinales)

첫째의(primero, -a) 둘째의(segundo, -a) 세째의(tercero, -a) 네째의(cuarto, -a) 다섯째의(quinto, -a) 여섯째의(sexto, -a) 일곱째의(séptimo, -a) 여덟째의(octavo, -a) 아홉째의(noveno, -a) 열째의(décimo, -a)

la cuarta frase(네 번째 문장) las primeras canciones(첫번째 노래들) el primer(tercer) viaje(첫번째〔세 번째〕 여행)

서수는 그것이 수식하는 명사의 성과 수에 일치해야 한다. 서수는 대개 명사 앞에 놓이며, 위에서 본 바와 같이 primero와 tercero는 단수의 남성명사 앞에서 o가 탈락된다.

서수는 décimo(열 번째)까지만 쓰이며, 그 이상일 경우에는 기수로 대치되는 것이 보통이다.

Juan Pablo Segundo(Ⅱ) 요한 바오로 2세

Alfonso Trece 알폰소 13세(스페인의 왕 이름임)

4. ¿cuál?(어느 것?, 무엇?)의 용법

¿Cuál de los países les gustó más?

그 나라들 중에서 어느 것이 그들의 마음에 가장 들었읍니까?

¿Cuáles son las cuatro estaciones? 4계절은 무엇입니까?

¿Cuál es la capital del Perú? 페루의 수도는 무엇〔어디〕입니까?

¿Cuál es la fecha(de hoy)? 〔오늘이〕 며칠입니까?

¿cuál?(복수는 ¿cuáles?)은 대명사로서 쓰인다. 그것은 여럿의 사물 또는 사람들 가운데 하나 또는 그 이상의 선택적인 뜻을 갖는다.

다음을 비교해 보라.

¿Qué libro tiene Ud.? 당신은 무슨 책을 가지고 있읍니까?

¿Cuál de los libros tiene Ud.?
그 책들 가운데 어느 것을 당신은 가지고 있읍니까?

※ 질문(Preguntas)

다음 물음에 스페인어로 대답하시오.

A. 1) ¿Con quién habla Guillermo?
2) ¿Qué preguntó el señor Kim?
3) ¿Quiénes vinieron a casa de Guillermo?
4) ¿Por dónde hicieron un viaje?
5) ¿Cuándo partieron?
6) ¿Fue el primer viaje de la señora Molina?
7) ¿De qué hablaron?
8) ¿Visitaron todos los países?
9) ¿Cuál de los países les gustó más?
10) ¿Qué compraron para Guillermo?
11) ¿Qué le trajeron a su hermana?
12) ¿Qué espera hacer Guillermo dentro de dos o tres años?

B. 1) ¿Cuál es la fecha de hoy?
2) ¿Qué lección estudiamos hoy?
3) ¿Cuál es el primer mes del año?
4) ¿Cuál es el último mes?
5) ¿Cuál es el segundo mes?
6) ¿El sexto?
7) ¿El octavo?
8) ¿El décimo?
9) ¿Cuál es la primera estación del año?
10) ¿Cuál es la segunda?
11) ¿Cuáles son los meses de verano?
12) ¿Cuáles son los meses de otoño?
13) ¿Cuál es el primer día de la semana?
14) ¿Cuál es el tercer día?
15) ¿Cuál es el último día?

LECCION VEINTISEIS

En el parque

(Mientras Pablo se paseaba por la calle, decidió llamar a la casa de Andrés. Andrés saludó a su amigo y le invitó a entrar. En seguida subieron al cuarto de Andrés y se sentaron a platicar.)

Pablo : Andrés, ¿qué hacías cuando entré?

Andrés : Escribía una composición en español para mañana.

P. : Yo tengo que escribir una para el viernes. ¿Quieres leerme unas líneas de la parte que tienes escrita?

A. : Creo que no está bien escrita, pero puedo leerte el primer párrafo.

《Cuando vivíamos en el campo, todos los veranos mi familia pasaba mucho tiempo en uno de los parques nacionales. Como las montañas no estaban lejos de la casa, los domingos nos llevaba mi padre a sitios hermosos dónde pasábamos el día. Podíamos llegar allá en hora y media. Mientras nuestros padres descansaban a la sombra de los árboles altos y hermosos, mi hermana Isabel y yo dábamos por el bosque. A veces montábamos a caballo o subíamos a las montañas. En verano nos gustaba ir allá porque en la ciudad hacía mucho sol y mucho calor, y en el bosque siempre hacía fresco. También hacía buen tiempo allí en primavera y en otoño, pero en invierno hacía mucho frío y mucho viento y durante mucho tiempo todo estaba cubierto de nieve. Entonces nos gustaba ir a las montañas a esquiar.»

P. : Está bien escrito el párrafo, Andrés, y lees muy bien en español.

A. : Muchas gracias; eres muy amable. Por lo que me molesta es que tengo que escribir otro párrafo.

P. : ¿Por qué? ¿No es bastante larga tu composición?

A. : No; mi profesora dice que es necesario escribir unas doscientas palabras y tengo solamente ciento cincuenta, más o menos.

P. : Pues, ya me voy. No quiero molestarte más. Adiós.

A. : Adiós. Hasta mañana.

※ 어휘 (Vocabularios)

1. 명사 : Andrés (남자 이름)　el bosque (숲, 삼림)　el caballo (말)　la línea (줄, 선)　la montaña (산)　el párrafo (문절)　el sitio (장소)　la sombra (그늘, 그림자)

2. 형용사 : cubierto, -a (de) ([…로] 덮인)　escrito, -a (쓰여진)

3. 동사 : decidir (결정하다)　esquiar (스키를 타다)　irse (가버리다, 떠나다)　montar (타다)　pasearse (산책하다, 거닐다)　subir (a) (올라가다, 타다)

4. 기타 단어 : allá (거기에, 거기로 : 대개 동작을 나타내는 동사 뒤에 쓰임)　lejos de (…로부터 먼)

5. 관용적 표현 : a la sombra (그늘에서)　en hora y media (1 시간 반 만에)　hacía mucho sol (햇볕이 매우 잘 들고 있었다)　montar a caballo (말을 타다, 승마하다)　todos los veranos (매년 여름)　ya me voy (이젠 그만 가겠읍니다)

※ 문법 (Gramática)

1. 규칙 동사의 불완료 과거시제

hablar, comer, vivir 동사의 직설법 불완료 과거 (imperfecto)의 변화는 각각 다음과 같다.

hablar (말하다)

hablaba, hablabas, hablaba, hablábamos, hablabais, hablaban
(나는 말하곤 했다, 나는 말하고 있었다…등)

comer (먹다)

comía, comías, comía, comíamos, comíais, comían.
(나는 먹곤했다, 나는 먹고 있었다…등)

vivir (살다)

vivía, vivías, vivía, vivíamos, vivíais, vivían.
(나는 살곤 했다, 나는 살고 있었다…등)

이상과 같이 규칙 동사의 불완료 과거 변화는 제 1 변화 동사의 경우 어미가 -aba, -abas, -aba, -ábamos, -abais, -aban 으로 끝나며, 1 인칭 및 3 인칭단수의 변화가 같다. 1 인칭 복수에만 액센트가 찍힌다.

제 2 변화 및 제 3 변화 동사의 불완료 과거 변화는 동일하며, 모두 액선트가 찍힌다. 역시 1인칭 및 3인칭단수의 변화가 꼭같기 때문에 문맥상 주어가 무엇인가 애매할 경우에는 반드시 주어를 표시해 주는 것이 좋다.

스페인어에서 불완료 과거의 시제에서 불규칙으로 변화하는 동사는 3개 동사(ir, ser, ver)뿐이다.

2. 불규칙 불완료 과거를 가진 동사

ir(가다 : 영=*to go*)

iba, ibas, iba, íbamos, ibais, iban

(나는 가곤 했다, 나는 가고 있었다…등)

ser(…이다 : 영=*to be*)

era, eras, era, éramos, erais, eran

(나는 …이곤 했다, 나는…였었다…등)

ver(보다 : 영=*to see*)

veía, veías, veía, veíamos, veíais, veían

(나는 보곤 했다, 나는 보고 있었다…등)

3. 불완료 과거의 용법

직설법 불완료 과거는 말하는 사람이 언급하는 시간에 아직 완료되지 않은, 과거에 있어서 일정치 않은 기간 동안에 계속되고 있었던 과거의 동작이나 혹은 상태를 나타내는 데 쓰인다. 다시 말해서 그러한 동작이나 상태가 언제 시작되었고 혹은 언제 끝났다는 것에 대하여 명확한 언급이 없는 것을 말한다. 그러나, 이에 반해서 부정과거는 어떤 동작이나 행동이 완료되었거나 아니면 존재 상태가 끝났음을 나타내준다.

다음 예문을 살펴보기로 하자.

1) 과거에 있어서의 상태를 나타내기 위하여 불완료 과거가 쓰인다.

Hacía mucho frío. 날씨는 몹시 추웠었다.

El agua estaba caliente. 물이 뜨거웠다.

2) 과거에 있어서 반복되었거나 혹은 습관적인 행동을 나타낸다.

Nos llevaba allá todos los días.

그는 우리를 매일 거기에 데리고 가곤 했다.

Montaban a caballo. 그들은 말을 타곤 했다.

3) 어떤 일이 발생하였을 때(부정과거로 표시됨), 어떤 행동이나 동작이 진행되고 있었거나 그 당시 상황을 설명하기 위하여 불완료 과

거가 쓰인다.

Él escribía cuando entré.

내가 들어갔을 때, 그는 무엇인가 쓰고 있었다.

Yo leía cuando volvió. 그가 돌아왔을 때 나는 읽고 있었다.

4) 과거에 있어서 정신적인 활동이나 또는 상태를 나타내고자 할 때 불완료 과거가 쓰인다. 따라서 〈생각하다, 믿다, 알다, 원하다, …할 수 있다〉 등의 동사들은 대개 불완료 과거로 표시된다.

Sabían que yo esta aquí

내가 여기 있다는 것을 그들은 알고 있었나.

Ella quería ir conmigo.

그 여자는 나와 함께 가기를 원하고 있었다.

사그라다 파미리아 교회

※ 질문 (Preguntas)

다음 물음에 스페인어로 대답하시오.

A. 1) ¿Quién se paseaba por la calle?
2) ¿Qué decidió hacer?
3) ¿Quién abrió la puerta?
4) ¿A dónde subieron?
5) ¿Qué escribía Andrés?
6) ¿Dónde vivía la familia de Andrés?
7) ¿Dónde pasaban mucho tiempo todos todos los veranos?
8) ¿A dónde los llevaba el padre de Andrés?
9) ¿Dónde descansaban sus padres?
10) ¿Qué hacían Andrés y su hermana?
11) ¿Qué tiempo hacía en las montañas en verano?
12) ¿Hacía buen tiempo allí en otoño?
13) ¿Qué tiempo hacía en invievno?
14) ¿Les gustaba ir allá en invierno?

B. 1) ¿Monta Ud. a caballo?
2) ¿Le gusta a Ud. montar a caballo?
3) ¿Tiene Ud. caballo?
4) ¿Quiere Ud. comprar uno?
5) ¿Hay un parque nacional cerca de aquí?
6) ¿Hay montañas?
7) ¿Le gusta a Ud. subir a las montañas?
8) ¿Sabe Ud. esquiar?
9) ¿Va su familia a las montañas en verano?
10) ¿Dónde quiere Ud. pasar sus vacaciones?

LECCION VEINTISIETE

Un día en el centro

Pablo : Un momento, Andrés. ¿Leíste en la clase la composición que escribiste el lunes por la noche?

Andrés : Sí, la leí, y a la señorita Blanco le gustó mucho.

P. : Si tienes tiempo, quiero leerte el párrafo que escribí para hoy.

A. : Sí tengo tiempo, porque las clases no empiezan hasta la una. Podemos sentarnos en estas sillas si quieres. Por aquí no hay mucho ruido.

P. : Está bien.

《Eran las tres de la tarde cuando salí de casa para ir al centro. Aunque hacía frío, era un día hermoso. Como quería comprar un traje, tomé un autobús que pasaba por aquella tienda nueva donde todos los días yo veía muchos trajes en el escaparate. Cuando entré, todos los dependientes estaban ocupados, pero por fin se acercó uno y me preguntó si deseaba algo. Le contesté que buscaba un traje y él me mostró tres o cuatro, pero eran demasiado caros. Luego me mostró unos sombreros que me probé y compré uno que era bastante barato. También busqué en otras tiendas sin encontrar nada. Entonces no sabía qué hacer, y empecé a pasearme despacio por la calle. De pronto me encontré enfrente de una tienda pequeña donde había trajes y abrigos en el escaparate. Me acerqué y vi un traje muy bonito que me gustó mucho. Al entrar, lo examiné con cuidado y en seguida decidí comprarlo. Ya era tarde, pero llegué a casa antes de la hora de cenar.»

A. : Pablo, escribes muy bien. ¿Vas a leer el párrafo en la clase?

P. : Creo que sí. Voy a saberlo muy pronto porque ya es hora de ir a la clase. No hay duda que mi profesor va a preguntarme si puedo explicar el uso de cada verbo.

A. : Pues, nuestros profesores tienen razón cuando dicen que no podemos hablar bien si no sabemos usar los verbos. ¡Buena suerte!

P. : Muchas gracias. Hasta luego.

※ 어휘 (**Vocabularios**)

1. 명사 : el abrigo(외투, 오바) el cuidado(주의, 조심) el dependiente(점원) el escaparate(진열장) la silla(의자) la suerte(행운) el traje(양복) el uso(사용)

2. 동사 : acercarse(a) (…에 접근하다) encontrar(ue) (발견하다) encontrarse(ue) (자기 자신을 발견하다, …에 있다) examinar(검사하다, 조사하다) explicar(설명하다) había(있었다 : 'hay'의 불완료 과거형〔영어의 *there was, there were*〕) mostrar(ue) (보여 주다) probarse(ue) (입어보다, 신어보다, 써보다, 끼어보다 등)

3. 관용적 표현 : ¡buena suerte! (행운을 빕니다 !) con cuidado(조심해서, 주의깊게) de pronto(갑자기, 별안간) la hora de cenar(저녁 식사 시간) por fin(드디어, 결국) sí(tengo) (정말 갖고 있다 : 이때 sí는 강조형임) sin encontrar nada(아무것도 찾아내지 못한 채)

※ 문법 (**Gramática**)

1. 불완료 과거 시제에 있어서 불규칙 변화형을 가진 동사들.

스페인어에서는 ir, ser, ver 동사만이 불완료 과거 시제에서 불규칙 변화이다. 이들 세 동사형은 이미 앞에서 설명한 바 있으나 복습삼아서 다시 한 번 살펴보기로 하자.

ir(가다 : 영=*to go*)

iba, ibas, iba, íbamos, ibais, iban.

ser(이다 : 영=*be*)

era, eras, era, éramos, erais, eran.

ver(보다 : 영=*to see*)

veía, veías, veía, veíamos, veríais, veían.

2. 과거에 있어서 시간의 표현

¿Qué hora era? 몇 시였읍니까 ?

Eran las tres cuando llegué. 내가 도착했을 때 시간은 3시였다.

과거에 있어서 시간을 표시할 때에는 ser 동사의 부정과거는 쓰지 않고 불완료 과거만을 사용한다.

3. 부정과거에 있어서 철자 변화를 하는 동사

buscar(찾다)

busqué, bucaste, buscó

llegar (도착하다)

llegué, llegaste, llegó

empezar (시작하다)

empecé, empezaste, empezó

발음 관계상 즉 본래의 음을 보존시키기 위해서 위의 3동사의 부정과거 1인칭단수의 경우 철자 변화가 이루어진다. 그러나 2인칭단수부터는 철자 변화가 필요없다.

다시 말하면 -car, -gar는 끝나는 동사는 각각 qu와 gu로 만든 다음 어미 'é'를 붙이며(왜냐 하면 철자 변화를 시키지 않고 é만 붙이면 발음이 본래와 달라지기 때문임), -zar로 끝나는 동사는 z를 먼저 c로 바꾼 다음 é를 붙인다(왜냐 하면 스페인어에서는 모음 e와 i 앞에는 z자를 쓰지 않기 때문이다).

이들 동사는 또한 명령형에서도 철자 변화가 필요하다.

〈**명령형**〉 busque (n) Ud (s). 찾으십시오
llegue (n) Ud (s). 도착하십시오
empiece (n) Ud (s). 시작하십시오

leer (읽다)의 부정과거

leí leíste, leyó, leímos, leísteis, leyeron

leer 동사는 이중 모음(diptongos)이 되는 것을 방지하기 위해 네 군데에 걸쳐 i자 위에 액센트를 찍는다. 그리고 3인칭단수와 복수의 경우에는 i가 y자로 바뀌었다.

참고 creer (믿다, 생각하다)의 부정과거도 leer 변화와 마찬가지다.

카르맨이 일했다고 하는 담배 공장. 지금은 세빌리아 대학으로 쓰이고 있다.

※ 질문 (**Preguntas**)

다음 물음에 스페인어로 대답하시오.

A. 1) ¿Quiénes hablan?
2) ¿Qué va a leer Pablo?
3) ¿Qué hora era cuando salió de casa?
4) ¿Qué tiempo hacía?
5) ¿Qué quería comprar?
6) ¿Qué tomó para ir al centro?
7) ¿Qué veía en el escaparate todos los días?
8) Cuando un empleado se acercó, ¿qué le preguntó a Pablo?
9) ¿Cuántos trajes le mostró?
10) ¿Compró uno?
11) ¿Compró algo allí?
12) Mientras se paseaba por la calle, ¿dónde se encontró de pronto?
13) Al entrar en la tienda, ¿qué hizo?
14) ¿Llegó temprano a casa?

B. 1) ¿A qué hora almorzó Ud. ayer?
2) ¿Qué hora era cuando salió Ud. de la escuela ayer?
3) ¿A qué hora llegó Ud. a casa?
4) ¿A qué hora empezó Ud. a estudiar anoche?
5) ¿Buscó usted su libro?
6) ¿Lo encontró Vd.?
7) ¿Qué hora era cuando se acostó Vd. anoche?
8) ¿Qué hora era cuando se levantó Vd. esta mañana?
9) ¿A qué hora llegó Ud. a la escuela?
10) ¿A qué hora empezaban las clases?
11) ¿A qué hora empezó esta clase?
12) ¿A qué hora termina esta clase?

LECCION VEINTIOCHO

Ponga Ud. la mesa

Srta. Herrera: Dígame Ud., Berta, ¿dónde estuvo su mamá ayer por la tarde? Quería hablar con ella, y cuando llamé por teléfono nadie contestó.

Berta: ¿Qué hora era cuando llamó Ud.?

H.: Eran las dos y media, más o menos.

B.: Pues, ella no estaba en casa. Después de almorzar, tuvimos que ir al mercado. Fue necesario comprar varias cosas porque anoche unos amigos vinieron a cenar con nosotros. Cuando volvimos a eso de las cuatro, yo puse la mesa y ayudé a mamá a preparar la cena. La criada no pudo venir porque estaba enferma.

H.: ¡Qué lástima! ¿Y Ud. sabe poner bien la mesa? Por ejemplo, ¿qué ponemos en una mesa?

B.: Primero, un mantel limpio y servilletas, luego vasos, cuchillos, tenedores y cucharitas.

H. : ¿Y nada más?

B. : ¡Cómo no! Hay que poner sal, pimienta y azúcar. Y antes de sentarse a la mesa, hay que poner pan, crema y mantequilla.

H. : ¿Cómo, no ponemos platos?

B. : ¡Claro que sí! Pero casi siempre mi mamá los prepara en la cocina porque la mesa del comedor es bastante chica.

H. : ¿Cuántas personas había?

B. : Éramos diez: seis invitados, mis padres, mi hermana y yo. Después de la cena mi hermana y yo tuvimos que limpiar la cocina y lavar todos los platos.

H. : Con tanto trabajo sin duda se cansaron mucho.

B. : Naturalmente. Terminamos muy tarde y estábamos tan cansadas que nos acostamos en seguida. A veces me parece que la comida es agradable solamente para los invitados.

※ 어휘 (Vocabularios)

1. **명사** : Berta(여자 이름) la cocina(부엌, 주방) la criada(하녀) la cuchara(찻숟갈, teaspoon) el cuchillo(칼, 나이프) el ejemplo (예, 보기) el invitado(손님) la lástima(유감) el mantel(식탁보) la mantequilla(버터) el mercado(시장) la pimienta(후추) el plato(접시) la sal(소금) la servilleta(내프킨) el tenedor(포오크) el trabajo(일, 작업)

2. **형용사** : chico, -a(조그만, 작은) limpio, -a(깨끗한)

3. **동사** : ayudar(a+inf.)(돕다) cansarse(피곤해지다, 지치다) poner (놓다, 두다, 〔상을〕 차리다)

4. **관용적 표현** : cansarse mucho(매우 피곤해지다) ¡claro que sí!(물론이지요!) éramos diez(우리는 열사람이었다) ¡qué lástima! (참 안 됐군요! 그것 유감입니다!) hay que(+inf.)(…해야만 한다) mesa del comedor(식탁) nada más(그만, 더 이상 필요없다) poner la mesa(상을 차리다) por ejemplo(예를 들면) sin duda (틀림없이, 의심의 여지없이)

※ 문법 (Gramática)

1. 불규칙 동사 poner

poner(두다, 놓다)의 직설법 현재 변화는 다음과 같다.

pongo, pones, pone, ponemos, ponéis, ponen

〈**명령형**〉 ponga(n) Ud(s). 놓으십시오.

2. 부정과거에서 어간 U를 갖는 불규칙 동사

estar(*be* 동사), poder(…할 수 있다), poner(놓다), tener(*have* 동사)의 부정과거

estar 동사

estuve, estuviste, estuvo, estuvimos, estuvisteis, estuvieron.

poder 동사

pude, pudiste, pudo, pudimos, pudisteis, pudieron.

poner 동사

puse, pusiste, puso, pusimos, pusisteis, pusieron.

tener 동사

tuve, tuviste, tuvo, tuvimos, tuvisteis, tuvieron.

이상의 동사들은 부정과거에서 어간에 공통적으로 'u'를 갖고 있음을 알 수 있다.

3. hay 와 había 의 용법

Hay cinco vasos en la mesa. 테이블 위에 5개의 유리잔이 있다.

Había diez personas allí. 거기에는 10명이 있었다.

hay 는 〈…이 있다 : 영어로 *there is* 또는 *there are* 에 해당〉란 뜻으로서 그 다음에 단수와 복수 명사가 쓰일 수 있으며, había 는 그것의 과거형(*there was, there were*)이다. 이들 형식은 주어를 위해 일정한 인칭을 갖지 않는다. 그러나 만일 위치를 강조하려면 estar 동사를 쓸 수 있다.

예를 들면 첫번째 문장은 Los cinco vasos están en la mesa. (그 5개의 유리잔은 테이블 위에 있다)가 되어야 할 것이다.

Hay que lavarlos. 그것들을 씻을 필요가 있다. (즉 그것들을 씻어야만 한다.)

Había que leerlo. 그것을 읽어야만 했다.

hay que 다음에 동사의 원형이 오면 〈…할 필요가 있다, …해야만 한다〉는 의미로서 일반적인 주어의 동작에 해당되며 tener que(…해야만 한다)와는 다르다. 즉 tener que 의 경우는 그 해당 주어에 국한되지만(예 : Yo tengo que estudiar mucho.) Hay que esudiar mucho. 는 〈누구나 다 열심히 공부해야만 한다.〉라는 뜻이다. 불완료과거인 había que 는 자주 쓰이는 표현은 아니다(두 번째 보기). Es (Era, Fue) necesario 도 역시 …하는 것이 필요하다(필요했다)를 뜻한다.

마드리드가 자랑하는 건축물 프라도 미술관

※ 질문(Preguntas)

다음 물음에 스페인어로 대답하시오.

1) ¿Con quién habla la señorita Herrera?
2) ¿A quién trató de llamar?
3) ¿Qué hora era cuando llamó?
4) ¿A dónde tuvieron que ir Berta y su mamá?
5) ¿Por qué fueron al mercado?
6) ¿Qué hizo Berta cuando volvió a casa?
7) ¿Por qué no pudo venir la criada?
8) ¿Qué puso Berta en la mesa?
9) ¿Dónde preparó su mamá los platos?
10) ¿Cuántas personas había?
11) Después de la cena, ¿qué tuvieron que hacer Berta y su hermana?
12) ¿Cómo estaban las dos?

세빌리아의 대성당

LECCION VEINTINUEVE

¿Busca Ud. casa?

Adriana : La semana pasada mi mamá me dijo que el señor Díaz y Ud. buscaban casa. ¿La encontraron?

Sra. Díaz : Mi esposo y yo vimos tres casas y un piso en aquel edificio de apartamentos① que está cerca del parque, pero no pudimos encontrar nada, o más bien, no pudimos decidir.

A. : ¡Qué lástima! ¿Qué tipo de casa buscaban Uds.? ¿Eran de piedra o de madera las casas que vieron?

D. : Una era de piedra y dos, de madera. La casa de piedra era muy bonita, pero al examinarla nos pareció demasiado grande para nuestra familia.

A. : ¿Demasiado grande? ¿No tienen Uds. tres hijos?

D. : No, solamente, un niño de cinco años y una niña de tres.

A. : ¿Esa casa es de un piso o de dos?

D. : Es de dos, y a mí me gustan más las casas de un solo piso. Abajo están la sala, el comedor, la cocina, un cuarto de baño, una sala de recreo y un despacho. Arriba hay tres alcobas② grandes y una pequeña, y también otro cuarto de baño.

A. : Pues, sí es grande. ¿No le gustaron las dos casas de madera?

D. : Sí, mucho. La blanca, de un solo piso, es muy bonita y está en una calle ancha, pero tiene solamente dos alcobas. La amarilla, de dos pisos, tiene tres alcobas, pero son chicas. Sin embargo③, tiene un patio y en la parte de atrás bastante espacio donde pueden jugar los niños sin salir a la calle. También tiene espacio para jardín y a mí me gusta muchísimo trabajar al aire libre. Además, lacasa es casi nueva y podemos ocuparla inmediatamente si decidimos tomarla.

A. : ¿Cuándo tienen Uds. que decidir?

D. : Mi esposo no está aquí ahora. Está en un viaje de negocios y vuelve pasado mañana. Tenemos que decidir ese mismo día porque el tiempo pasa.

A. : ¿Está la casa en esta misma calle?

D. : No, está al otro lado del parque, pero no muy lejos de aquí.

A. : Bueno, ¿no quiere Ud. pasar a platicar un rato con mi madre? No está ocupada.

D. : Gracias, Adriana, pero esta tarde no puedo. En este momento debo ir a la casa de la señora Velasco porque me espera. Adiós.

A. : Adiós, señora Díaz.

① 혹은 apartamento, departamento(아파트)라고도 함.
② 이 단어 대신에 멕시코에서는 la recámara가 남미에서는 el dormitorio가 쓰인다.
③ no obstante라고도 표현된다.

※ 어휘 (Vocabularios)

1. 명사 : Adriana(여자 이름) la alcoba(침실) el apartamiento(아파트 : 아르헨티나에서는 'departamento'라고 함) el baño(목욕) el cuarto de baño(욕실 : 화장실도 됨) el despacho(서재, 사무실) el edificio(건물, 빌딩) el espacio(공간) el lado(옆, 측면) los negocios(사업) la niña(어린아이〔여자〕) el niño(어린아이〔남자〕) el patio(안마당, 뒷뜰) el piso(바닥, 층) la sala(응접실) la sala de recreo(오락실, 놀이방) el tipo(형, 타이프)
2. 형용사 : ancho, -a(넓은, 넓직한) libre(자유로운, 한가한)
3. 부사 : abajo(아래층에, 밑에) además(뿐만 아니라) arriba(윗층에, 위에) atrás(뒤에) inmediatamente(즉시) muchísimo(대단히 많이)
4. 동사 : deber(빚지다, …해야만 한다) ocupar(차지하다)
5. 관용적 표현 : al aire libre(옥외에) al otro lado(다른 쪽에) la

parte de atrás(뒷부분) más bien(오히려) pasado mañana(모레) pasar a(platicar) (〔잡담하러〕 가다) ¡qué(+명사)! (얼마나…한가!) sin embargo(그러나) viaje de negocios(사업〔업무〕 여행)

※ 문법 (Gramática)

1. 일반적인 의미에 있어서의 정관사의 용법

Me gustan los libros. 나는 책을 좋아한다.
(즉 책이라면 무엇이든 모두를 좋아한다는 뜻)

Las flores son bonitas. 꽃이란 아름답다.

El tiempo pasa. 시간은 지나가기 마련이다.

La vida allí es agradable. 그 곳 생활은 즐겁다.

스페인어에서 전반적인 종류를 나타낼 때, 다시 말해서 모든 책과 모든 꽃 등에 해당될 때에는 정관사를 사용해야만 한다. 그러나 'Compra flores.' (그는 약간의 꽃을 산다)라는 문장에서는 모든 꽃을 산다는 의미가 아니므로 정관사를 쓰지 아니한다.

정관사는 또한 추상명사와 함께 쓰인다. 추상명사는 가시적인 대상을 나타내지 않으며, 생활, 자유, 정의, 행복 등 어떤 상태나 또는 품질을 나타낸다. 결국 정관사는 일반적인 의미나 추상명사와 함께 명사와 더불어 사용되는 것이다.

2. de+명사와의 구

la casa de piedra(돌집) el viaje de negocios(업무 여행) un edificio de apartamientos(아파트 건물) la sala de recreo(오락실)

스페인어의 명사는 영어에서처럼 형용사적으로는 쓰이지 않는다. 경우에 따라서는 de 대신에 전치사 para가 쓰이기도 한다 : un vaso para agua(물잔) 이 때 para는 용도를 나타낸다.

3. 명사로서 쓰이는 형용사

La blanca es bonita. 흰 것은 아름답다.

Un joven lo compró. 한 젊은이가 그것을 샀다.

Dos españoles lo descubrieron.
2명의 스페인 사람이 그것을 발견했다.

Veo otro pequeño. 나는 또 하나의 작은 것을 본다.

많은 형용사가 명사로서 사용될 수 있는 바, 그 때 형용사는 그것이 지칭하는 명사의 성과 수에 일치한다.

형용사를 명사로 만들 때에는 정관사, 부정관사, 수사 등의 어느 하나를 쓰는 것이 필요하다.

4. deber(빚지다, …해야만 한다)의 용법

Debo ir a verla. 나는 그 여자를 만나러 가야만 한다.

Debemos visitarlos. 우리는 그들을 방문해야만 한다.

deber는 동사의 원형과 함께 쓰여 도의적인 의무감, 개인의 의무 또는 습관을 나타낸다. 이 동사는 또한 〈빚지다〉라는 뜻도 갖고 있다.

Me debe un dólar. 그는 나에게 1弗을 빚지고 있다.

※ 질문 (**Preguntas**)

다음 물음에 스페인어로 대답하시오.

1) ¿Con quién habla Adriana?
2) ¿Qué buscaban los señores Díaz?
3) ¿Qué vieron?
4) ¿De qué eran las tres casas?
5) ¿Cómo era la casa de piedra?
6) ¿Cuántos hijos tienen?
7) ¿Es de un piso la casa de piedra?
8) ¿Qué cuartos están abajo?
9) ¿Cuántas alcobas hay?
10) ¿Cuántas alcobas tiene la casa blanca?
11) ¿Cuántas tiene la amarilla?
12) ¿Son grandes?
13) ¿Dónde hay mucho espacio?
14) ¿Es nueva la casa?
15) ¿Cuándo pueden ocuparla?
16) ¿Dónde está el señor Díaz?
17) ¿Cuándo vuelve?
18) ¿Dónde está esa casa?
19) ¿Está lejos de allí?
20) ¿A dónde debe ir la señora Díaz?

LECCION TREINTA

¿Quieres ir de compras?

Ernesto : ¿A dónde vas, Miguel?

Miguel : Voy a la tienda de ropa a comprar varias cosas. ¿No quieres ir conmigo?

E. : Sí, puedo ir contigo. ¿A qué tienda vas?

M. : A la tienda del señor Ramírez, porque allí se habla español.

E. : ¿Todavía está abierta?

M. : ¿No recuerdas? Hoy no se cierran las tiendas hasta las ocho.

(Al entrar en la tienda, un dependiente se acerca a los jóvenes y les pregunta:)

Dependiente : ¿En qué puedo servirles, señores?

M. : Dónde tienen Uds. las corbatas?

D. : Pasen ustedes por aquí. ¿Qué clase de corbata quiere Ud., señor? ¿Y de qué color?

M. : No sé todavía. Quiero ver lo que hay.

D. : Las tenemos de todos los colores. ¿Le

gustan a Ud. éstas?

M. : No, no me gustan mucho. No me enseñe Ud. más como ésas, por favor. Enséñeme aquéllas. Eso es, la amarilla y la roja.

D. : Aquí las tiene Ud.

M. : Ernesto, ¿te gustan éstas?

E. : Me gusta esta roja, pero la amarilla, no. ¿Qué te parece① aquella verde? Yo creo que es muy linda.

M. : Para mí es un poco oscura.② Generalmente me gustan más las corbatas claras. Es difícil decidir. Ah, allí veo otra amarilla que me gusta mucho. Bueno, tomo esta roja y la amarilla. Pues ahora, quiero ver unos pañuelos.

D. : ¿Blancos, o de color?

M. : Blancos, por favor.

D. : Éstos son muy buenos.

M. : ¿Cuánto cuestan?

D. : Setenta y cinco centavos cada uno.

M. : Está bien. Déme cuatro.

D. : Muy bien. ¿No quiere Ud. calcetines③, camisas, o ropa interior?

M. : Hoy no, gracias.

D. : Me dio Ud. un billete de diez dólares, ¿verdad? Aquí tiene su vuelta④ y el paquete. ¿No quieren otra cosa, señores?

M. : Pues, yo quiero ver un traje y un impermeable. Los venden arriba, ¿no?

D. : Sí, señor, tenemos un buen surtido en el segundo piso. Pueden Uds. tomar aquel ascensor.

① 이 동사는 gustar 동사와 마찬가지로 3인칭으로 쓰이며 -se 가 붙어 재귀동사가 되면 전치사 a를 동반 〈…와 닮았다〉는 뜻으로 쓰인다.
② 이 단어는 원래 'obscuro'이나 요즘에 와서는 b자를 빼고도 많이 쓰인다.
③ 남미에서는 'medias'(본래의 뜻은 목이 긴 양말 즉 스타킹을 의미함)를 양말이란 뜻으로 흔히 쓰인다.
④ 멕시코와 남미에서는 거스름돈을 el vuelto 라고 표현한다.

※ 어휘 (Vocabularios)

1. **명사** : el ascensor(승강기, 엘리베이터) el billete(지폐) el calcetín (양말 : 복수는 calcetines) el centavo(센트 : 화폐 단위) la corbata (넥타이) Ernesto(남자 이름) el impermeable(우의, 우비) Miguel (남자 이름) el paquete(포장물, 소포) la ropa(옷) la ropa interior(속옷, 내의) el señor(신사) el surtido(갖추어 놓은 상품) la tienda de ropa(옷가게) la vuelta(거스름돈)
2. **형용사** : abierto, -a(열린) claro, -a(옅은) oscuro, -a(진한, 어두운)
3. **동사** : vender(팔다)
4. **관용적 표현** : billete de diez dólares(10弗짜리 지폐) cada uno (una) (개당) de color(색깔이 있는) ¿en qué puedo servirle(s)? (무엇을 도와드릴까요?) otra cosa(〔필요한〕 다른 것) ¿qué te(le) parece(n) …? (너에게〔당신에게〕는 어떻게 생각되니〔생각되십니까〕?)

※ 문법 (Gramática)

1. 수동태 대치 재귀형

Se cierran las puertas a las seis. 문들은 6시에 닫힌다.
No se venden zapatos aquí. 여기서는 구두가 팔리지 않는다.

(즉 여기서는 구두를 팔지 않는다, 구두를 취급하지 않는다는 뜻임)

Aquí se habla espanol. 여기서는 스페인어가 말해진다.

(즉 여기서는 스페인어를 쓴다)

Se abrió la tienda ayer. 그 상점〔가게〕은 어제 개업했다.

주어를 강조하고자 할 때에는 능동태로 쓴다.

Ella cierra la puerta a las seis. 그 여자는 6시에 문을 닫는다.

위의 문장을 행위자를 표시하지 않고 수동형으로 바꾸면 "Se cierra la puerta a las seis."가 된다. 즉 〈문은 6시에 닫힌다.〉는 뜻이 된다.

스페인어에서는 위에서 예시된 바와 같이 흔히 동사의 3인칭 앞에 se를 사용하여 수동태가 된다. 만일 주어가 단수이면 동사도 3인칭 단수형이 되며, 주어가 복수이면 동사도 3인칭복수형이 된다. 이러한 구문에서 주어는 보통 동사 뒤에 온다.

2. 지시대명사

éste, ésta, éstos, éstas(이것, 이것들 : 남성단수, 여성단수, 남성복수, 여성복수의 순서임)

ése, ésa, ésos, ésas 그것, 그것들

aquél, aquélla, aquéllos, aquéllas 저것, 저것들

este pañuelo y ése 이 손수건과 그것

aquella corbata y éstas 저 넥타이와 이것들

estos jóvenes y ésos 이 청년들과 그것들〔그 청년들〕

참고 지시대명사는 액선트가 찍히는 것을 제외하고는 지시형용사와 마찬가지 형태이다. 형용사는 명사 앞에 쓰이며, 액선트가 찍힌 대명사는 명사를 대치한다. 선행사가 일반적인 생각이거나 남성 또는 여성으로 규정지을 수 없는 것일 경우에는 다음 3가지의 중성대명사도 있다. esto(이것), eso(그것), aquello(저것), eso es(바로 그것이다)

¿Qué es esto? 이것은 무엇인가요?

Eso es interesante. 그것은 재미있다.

※ 질문(Preguntas)

다음 물음에 스페인어로 대답하시오.

1) ¿A dónde va Miguel?
2) ¿Le acompaña Ernesto?
3) ¿A qué tienda van?
4) ¿Por qué van allá?
5) ¿Todavía está abierta la tienda?
6) ¿A qué hora se cierran las tiendas aquel día?
7) ¿Al entrar, ¿quién se acerca a los jóvenes?
8) ¿Qué les pregunta?
9) ¿Qué quiere ver Miguel primero?
10) ¿Cuáles decide tomar?
11) ¿Qué otra cosa quiere ver?
12) ¿Cuánto cuestan los pañuelos?
13) ¿Cuántos compra?
14) ¿Qué le dió al dependiente?
15) ¿Qué le dio a Miguel el dependiente?
16) ¿Entonces qué quiere ver Miguel?
17) ¿Dónde los venden?
18) ¿Qué toman los jóvenes para subir?

LECCION TREINTA Y UNA

En la playa

Edmundo : ¡Hola, Leonardo! ¿Dónde has estado? Pasé por tu casa y no había nadie.

Leonardo : He estado en la playa. Cuando hace calor y tengo tiempo, me gusta ir a nadar en el mar.

E. : ¿Había mucha gente?

L. : Sí, mucha. Parecía que todo el mundo estaba allí. Nunca he visto tanta gente en la playa.

E. : ¿No te gusta nadar en un lago o en un río?

L. : Pues, nunca he ido porque, como sabes, por aquí no hay ni lagos ni ríos. ¿Y tú?

E. : Ni yo tampoco. A veces voy a una piscina①, pero me gusta más nadar en el mar. El sábado pasado fui a la playa y no pude nadar porque hacía fresco y el agua estaba fría. Sin embargo, me puse el traje de baño y me senté en la arena a tomar el sol②.

L. : ¿Qué has hecho tú esta tarde?

E. : He trabajado en la oficina de mi padre toda la tarde. En las últimas dos semanas he tenido que ayudarle de vez en cuando.

L. : ¿Quieres ir al café ahora a tomar algo?

E. : Gracias, pero no puedo. Esta noche tengo una cita con María, y estoy tan cansado que quiero descansar un rato antes de cenar. Además, tengo que bañarme y cambiarme de ropa.

L. : Bueno, ¿puedes ir a la playa conmigo mañana por la tarde?

E. : Sí, con mucho gusto. ¿A qué hora?

L. : A eso de las dos.

E. : ¿Puedes venir por mí? Creo que mis padres van a usar el coche③.

L. : ¡Cómo no! Hasta mañana, entonces.

E. : Hasta mañana.

① 아르헨티나에서는 pileta 라고 함.
② 〈일광욕하다〉라는 뜻임.
③ 콜롬비아, 페루 등 나라에서는 'carro' 라고 함.

※ 어휘 (Vocabularios)

1. 명사 : la arena (모래) Edmundo (남자 이름) la gente (사람들 : 동사형은 단수를 씀) el lago (호수) Leonardo (남자 이름) el mar (바다) la piscina (수영장) la playa (해변, 해수욕장) el río (강) el traje de baño (수영복)

2. 동사 : cambiar (바꾸다, 교환하다) haber (*have* 동사 : 조동사로 쓰임) nadar (수영하다) ponerse (입다, 쓰다, 신다, 끼다 등)

3. 기타 단어 : ni (…도 아니고 …아닌) tampoco (역시…아닌)

4. 관용적 표현 : cambiarse de ropa (옷을 갈아 입다) de vez en cuando (때때로, 가끔) ir a nadar (수영하러 가다) ni…ni (…도 아니고 …도 아니다) ni (yo) tampoco (나도 역시 …하지 않다) no había nadie (아무도 없었다) tomar el (un baño de) sol (일광욕을 하다) venir por (데리러 오다)

※ 문법 (Gramática)

1. 조동사 **haber**

haber 는 이미 소개된 tener 동사와 함께 영어의 *have* 동사에 해당된다. 그러나 tener 가 소유의 뜻(갖고 있다)을 나타내는 데 반해 haber 는 과거분사를 동반하여 복합시제 즉 완료형을 만드는 데 쓰인다. 다시 말해서 일종의 조동사 역할을 담당한다고 할 수 있다. 그러면 haber 동사의 직설법 현재 변화형을 살펴보자.

he, has, ha, hemos, habéis, han.

이상에서 보다시피 2 인칭복수 즉 habéis 를 제외하고 나머지는 모두 불규칙 변화이다.

Tengo dos caballos. 나는 말 두 필(匹)을 갖고 있다.
He hablado con él. 나는 그와 함께 이야기했다.

2. 과거분사

스페인어에서 -ar 로 끝나는 규칙 제 1 변화 동사는 원형의 어간에 -ado 를 붙이고, -er 로 끝나는 제 2 변화와 -ir 로 끝나는 제 3 변화 규칙 동사는 공히 어간에 -ido 를 붙여서 과거분사를 만든다.

〔예〕 hablar: hablado (영 =*spoken*), comer: comido (영 =*eaten*),
vivir: vivido (영 =*lived*)

과거분사는 복합시제를 완성하기 위하여 조동사와 함께 쓰이는 동사의 형태이다. 영어로 "*I have spoken*", "*he has eaten*" 등의 경우 '*spoken*' 과 '*eaten*' 이 과거분사란 점을 기억하고 있을 것이다. 스페인어에서는 위에서 언급한 바와 같이 규칙적인 과거분사는 -ado 와 -ido 의 두 가지가 있다.

동사의 어간이 강모음으로 끝나면, -ido 가 되는 규칙 과거분사의 경우 i 자 위에 액센트를 붙여야 한다.

예를 들면 creer(믿다)의 과거분사는 creído 가, leer(읽다)는 leído 가, traer(가져오다)는 traído 가 된다.

다음 동사들의 과거분사는 불규칙이며 암기해 둘 필요가 있다.

abrir(열다) : abierto
decir(말하다, 이야기하다) : dicho
descubrir(발견하다) : descubierto
escribir(쓰다) : escrito
hacer(하다, 만들다) : hecho
ir(가다) : ido
poner(놓다) : puesto
ver(보다) : visto
volver(돌아가다, 돌아오다) : vuelto

3. 완료 과거 시제의 형성

he hablado, has hablado, ha hablado, hemos hablado, habéis hablado, han hablado

he comido, has comido, ha comido, hemos comido, habéis comido, han comido

he vivido, has vivido, ha vivido, hemos vivido, habéis vivido, han vivido

이상의 3개 동사의 완료 과거(영어의 현재완료)시제는 haber 동사의 직설법 현재형에다 각각 과거분사를 붙여서 형성된 것이다.

Las he escrito. 나는 그것들을 썼다 (영=*I have written them.*)

Usted nunca le ha visto. 당신은 결코 그를 본 적이 없다. (영=*You have never seen him.*)

¿No se ha sentado ella? 그 여자는 앉지 않았읍니까? (영=*Hasn't she sat down?*)

완료 과거 시제는 haber 동사의 직설법 현재 변화형에다 과거분사를 붙여서 이루어진다. 이 때 다음과 같은 특징을 갖는다. 첫째, haber 동사 다음에 오는 과거분사는 언제나 -o로 끝난다. 둘째, haber 형과 과거분사 중간에는 다른 단어가 삽입되지 않는다. 세째, 부정사는 haber 형의 앞에 놓인다. 목적대명사(직접, 간접 및 재귀대명사)는 haber 형 앞에 오거나 혹은 부정사와 haber 형 사이에 놓인다.

완료 과거형을 써서 다음 질문에 스페인어로 대답하시오.

1) ¿Se ha desayunado usted?
2) ¿Ha venido Ud. a la escuela en coche?
3) ¿Ha venido Ud. en autobús?
4) ¿Ha venido Ud. a pie? (a pie : 걸어서)
5) ¿Ha llegado Ud. tarde a la escuela?
6) ¿Ha ido Ud. a la biblioteca(도서관)?
7) ¿Ya ha almorzado usted?
8) ¿Cuántas clases ha tenido Ud. hasta ahora?
9) ¿Ya se ha sentado usted?
10) ¿Ha cantado Ud. en todas sus clases?
11) ¿Ha visto Ud. a muchos amigos?
12) ¿Los ha saludado usted?
13) ¿Ha hablado con sus profesores?
14) ¿Ha escrito un examen hoy?
15) ¿Ha comprado un libro?
16) ¿Ha comprado papel?
17) ¿Ha comprado lápices? (lápiz : 연필〔남성〕)
18) ¿Ha recibido dinero?
19) ¿Ha salido de la escuela?
20) ¿Ha estado aquí más de una hora?

※ 질문 (**Preguntas**)

다음 물음에 스페인어로 대답하시오.

1) ¿Dónde ha estado Leonardo?
2) ¿Había mucha gente en la playa?
3) ¿Le gusta a Leonardo nadar en un lago o en un río?
4) ¿A dónde va Edmundo a veces?
5) ¿Dónde le gusta más nadar?
6) ¿A dónde fue el sábado pasado?
7) ¿Por qué no pudo nadar?
8) ¿Qué hizo?
9) ¿Dónde ha trabajado Edmundo?
10) ¿Va al café con Leonardo?

LECCION TREINTA Y DOS

En las tiendas

Srta. Morales : Susana, ¿se había acostado Ud. anoche cuando la llamé por teléfono?

Susana : No, señorita Morales, estaba en la sala con mis padres. Había pasado la tarde en el centro y les describía lo que había comprado.

M. : Pues, ¿qué compró usted?

S. : Primero, en la zapatería hallé① un par de zapatos que me quedan muy bien. Después, en esa tienda nueva que se abrió el mes pasado, compré un suéter② gris, una blusa blanca, una falda roja, un sombrero blanco y un vestido azul.

M. : El vestido que compró Ud., ¿es de algodón o de lana?

S. : Es de algodón. El suéter es de orlón y rayón, la blusa, de dacrón, la falda, de lana, y el sombrero, de fieltro.

M. : ¿No compró Ud. el vestido verde que habíamos visto antes?

S. : No, ya se había vendido, pero me gusta más el azul que compré ayer. Es precioso y de muy buena calidad.

M. : Pues, ya no va Ud. a necesitar más ropa este año, ¿verdad?

S. : Eso es lo que dice papá.

M. : ¿Fue usted sola al centro?

S. : Mi hermana Paula me acompañó, y compró ropa interior y dos pares de medias. Fue porque quería comprar un cinturón y unos calcetines para Lorenzo, nuestro hermano.

M. : ¿Y los compró?

S. : Solamente los calcetines, porque el dependiente que vendía cinturones estaba muy ocupado y como nos quedaba poco tiempo decidimos salir sin esperar más. Fuimos a otra tienda, pero ya estaba cerrada cuando llegamos. Mañana o pasado mañana ella puede buscar el cinturón.

M. : Entonces, ¿a qué hora volvieron Uds. a casa?

S. : A las seis y cuarto. Nos sentamos a la mesa en seguida, porque ya estaba lista la cena.

① hallar와 encontrar는 둘 다 〈찾아낸다〉는 뜻이다. hallar는 대개 누군가 또는 무엇인가를 찾아본 다음에 발견하다(찾아내다)는 뜻이며, encontrar는 〈우연히 발견하다〉라는 의미를 지니고 있다.
② suéter를 아르헨티나에서는 'pulover'라고 한다.

※ 어휘 (Vocabularios)

1. 명사 : el algodón(목화, 면) la calidad(품질) el cinturón(허리띠, 혁대 : 복수 cinturones) el dacrón(대크론) el fieltro(펠트) la lana(양모) Lorenzo(남자 이름) la media(스타킹, 양말) el orlón(오올론) Paula(여자 이름) el rayón(레이욘, 인견) la zapatería(구두방, 양화점) Susana(여자 이름)

2. 부사 : antes(전에, 앞서)

3. 동사 : describir(기술하다) hallar(발견하다, 찾아내다) quedar(남다)

4. 관용적 표현

me(le) quedan bien	나에게〔그에게〕 잘 맞는다
nos quedaba poco tiempo	우리에게는 시간이 별로 남지 않았었다
sin esperar más	더 이상 기다리지 않고

※ 문법 (Gramática)

1. haber 동사의 불완료 과거

haber의 불완료 과거는 다음과 같다.

había, habías, había, habíamos, habíais, habían

haber 동사의 불완료 과거 시제는 규칙적이다. había는 〈…이 있었다(영=*there was, therewere*)〉의 뜻이라는 것은 이미 설명한 바 있다.

2. 대과거 시제의 형성

hablar 동사의 대과거 시제 변화

había hablado, habías hablado, había hablado, habíamos hablado, habíais hablado, habían hablado

comer 동사의 대과거 :

había comido, habías comido, había comido, habíamos comido, habíais comido, habían comido

vivir 동사의 대과거

había vivido, habías vivido, había vivido, habíamos vivido,

habíais vivido, habían vivido

완료과거가 haber 동사의 직설법 현재형에다 과거분사를 붙여 이루어지는 것과 같이, 대과거(영어의 과거완료)는 haber 동사의 불완료 과거형에다 과거분사를 더하여 만든다. 스페인어에 있어서 대과거는 영어의 과거완료(had+p. p.)에 해당된다. 완료 과거 시제와 함께 부정어와 목적대명사가 놓여지는 동일한 규칙이 대과거에도 적용이 된다.

3. 형용사로서 사용되는 과거분사

Las cartas están escritas.	편지들은 쓰여져 있다.
La puerta estaba cerrada.	문은 닫혀져 있었다.
El edificio está abierto.	빌딩은 열려 있다.
Los dependientes estaban ocupados.	점원들은 바빴었다.

위에서 볼 수 있는 바와 같이 과거분사는 형용사로 쓰일 수가 있다. 이 용법에서 동분사는 그것이 수식하는 명사 또는 대명사의 성과 수에 일치한다.

안데스의 민족음악

※ 질문 (Preguntas)

다음 물음에 스페인어로 답하시오.

1) ¿Cón quién habla Susana?
2) ¿Se había acostado cuando la señorita Morales la llamó?
3) ¿Dónde estaba Susana?
4) ¿Dónde había pasado la tarde?
5) ¿Qué compró en la zapatería?
6) ¿Qué compró en la tienda nueva?
7) ¿De qué es su vestido nuevo?
8) ¿De qué es su suéter?
9) ¿La falda?
10) ¿El sombrero?
11) ¿De qué color es el vestido?
12) ¿Fue sola al centro?
13) ¿Qué compró Paula?
14) ¿Qué quería comprar para Lorenzo?
15) ¿Los compró?
16) ¿Por qué no pudo compar el cinturón?
17) ¿A qué hora volvieron a casa?
18) ¿Ya estaba lista la cena?

LECCION TREINTA Y TRES

Unas costumbres españolas

(Varios compañeros de viaje están sentados en un aeropuerto de Nueva york. Cuando el señor Ocampo entra y ve al señor Fernández, se acerca y le saluda.)

Sr. Ocampo : Me alegro mucho de verle, señor Fernández.

Sr. Fernández : ¡Y qué gusto me da verle a Ud., señor Ocampo! ¿No quiere sentarse aquí?

O. : ¡Ya lo creo! Pues, ¿cuándo volvió Ud. de España?

F. : Volví hace una semana. Al llegar a Nueva York, tuve que pasar tres días en la oficina de mi compañía y después estuve cuatro días en Wáshingon.

O. : Yo hice un viaje a España hace quince años y desde entonces no he podido volver allá. ¿Ha notado usted muchos cambios en la vida española?

F. : ¿No sabe Ud. que fue mi primer viaje? He estado muchas veces en los países hispanoamericanos, pero nunca había ido a España. Dicen que las costumbres han cambiado muy poco en los pueblos. En cambio, en ciudades como Madrid, Barcelona y Valencia todo es muy moderno.

O. : Todavía se almuerza y se cena muy tarde, ¿no?

F. : Sí, se almuerza a las dos de la tarde y no se cena antes de las nueve o las diez. Esto les parece muy extraño a los turistas y a los hombres de negocios de otros países, pero poco a poco se acostumbran a esa vida.

O. : Recuerdo una costumbre que me parecía muy extraña. Yo iba a menudo al café con mis amigos españoles, pero nunca me permitieron pagar la cuenta. Cuando le decían al camarero que yo era extranjero, no aceptaba mi dinero.

F. : Es cierto que en España hay costumbres que nos parecen extrañas, pero hay que recordar que en los Estados Unidos hay costumbres que a los españoles les parecen igualmente extrañas, ¿verdad? Por ejemplo, creen que los norteamericanos trabajan todo el tiempo y que no saben gozar de la vida.

O. : Pues, debemos recordar siempre lo que dijo Cervantes: 《En cada tierra su uso.》①

① Miguel de Cervantes Saavedra(1547—1616)가 그의 유명한 소설 "Don Quijote"에서 사용한 격언으로서, 〈각 나라(고장)마다 자체의 고유방식을 갖고 있는 것이다.〉라는 뜻임.

※ 어휘 (Vocabularios)

1. 명사 : el compañero(동료) la cuenta(계산서) el extranjero(외국인) el pueblo(마을, 읍, 국민) el turista(관광객)
2. 형용사 : extraño, -a(이상한) moderno, -a(근대의, 현대의)
3. 부사 : igualmente(마찬가지로)
4. 동사 : aceptar(받아들이다) acostumbrarse a(…에 익숙해지다, 습관이 되다) alegrarse de(…하게 되어 반갑다) gozar de(…을 즐기다) notar(관찰하다) pagar(지불하다) permitir(허가하다, 허락하다)
5. 관용적 표현 : a menudo(자주, 흔히) compañero de viaje(여행을 함께 하는 사람, 동료 여행자) en cambio(반면에) hace(una semana)(〔1주일〕 전에) hombre de negocios(사업가) me alegro(mucho) de verle(당신을 뵙게 되어 〔대단히〕 반갑습니다) muchas veces(여러 번) poce a poco(조금씩 조금씩, 서서히, 차츰 차츰)

※ 문법 (Gramática)

1. 부정주어로서 쓰이는 se

Se dice que es verdad. 사람들은 그것이 사실이라고 말한다.
(즉 그것이 사실이라고 말들을 한다.)

Se come bien allí. 거기는 음식을 잘한다.
(직역을 하면 거기에서는 사람들이 음식을 잘 먹는다.)

¿Cómo se puede hacer eso? 그것을 어떻게 할 수 있읍니까?

때때로 동사가 암시하는 바를 누가 수행하는가를 명확하게 나타냄이 없이 어떤 행동이나 동작이 표현된다. 이 경우 동사는 3인칭으로 나타내며 se가 사용된다. 주어가 일정치 않기 때문에 구태여 번역을 한다면 〈사람들이…을 한다〉라고 표현이 될 수 있다.

또한 uno(여성형은 una)도 사용되는 바, 특히 재귀동사와 함께 쓰이는 경우가 그러하다.

Uno se levanta tarde los domingos.

일요일엔 흔히들 늦게 일어난다.

2. 〈…전에〉의 표현

Volvimos hace cinco días. 우리는 5일 전에 돌아왔다.

Hace una hora que la vi. 나는 그 여자를 1시간 전에 보았다.

(즉 내가 그 여자를 만난 지 1시간이 되었다는 뜻임.)

una hora, cinco días, un año 등 시간의 표현에 의해 뒤따라 지고, 문장에서 주동사가 과거로 되어 있을 경우, hace는 통상 〈…전에〉 또는 〈…한 이래〉의 뜻이다. 만일 hace의 절이 동사보다 앞설 때에는 연결어 que가 대개 삽입된다.

Hace un año que no juego al golf.

골프를 치지 않은 지가 1년이 되었다.

Hace un mes que no la veo.

내가 그 여자를 못 본 지 1개월이 되었다.

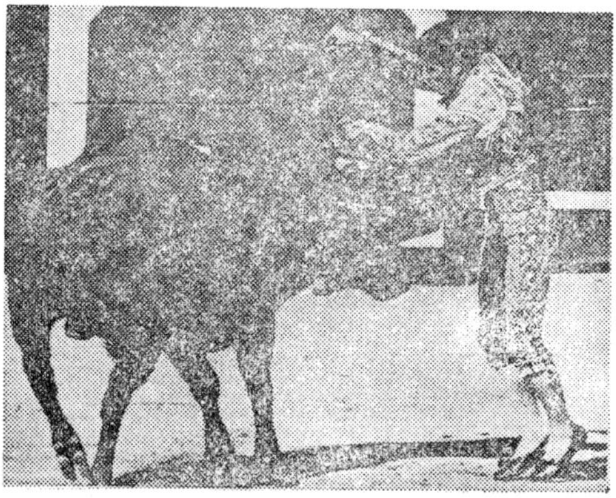

스페인적인 로만티시즘과 히로이즘의 발로—투우

※ 질문(Preguntas)

다음 물음에 스페인어로 대답하시오.

1) ¿Dónde están varios comañeros de viaje?
2) ¿A quién ve el señor Ocampo?
3) ¿Qué dice cunado le saluda?
4) ¿Qué contesta el señor Fernández?
5) ¿Cuándo volvió de España?
6) ¿Dónde tuvo que pasar tres días?
7) ¿A dónde fue entonces?
8) ¿Ha estado en España el señor Ocampo?
9) ¿Dónde han cambiado poco las costumbres?
10) ¿Cómo es todo en las ciudades?
11) ¿A qué hora se almuerza allí?
12) ¿A qué hora se cena?
13) ¿A quiénes les parece extraña esta costumbre?
14) ¿A dónde iba a menudo el señor Ocampo cuando estaba en España?
15) ¿Qué le decían al camarero sus amigos españoles?
16) ¿Qué dijo Cervantes?

LECCION TREINTA Y CUATRO

En un café español

Arturo : Teodoro, ¿qué está leyendo?

Teodoro : Estoy leyendo un libro que trata de la historia y de la vida de España. Leyendo un libro como éste, se aprende mucho.

A. : Estaba charlando con un amigo español, hace unos días, y me habló mucho de su país. ¿Qué ha aprendido Ud.?

T. : Pues, parece que todos van al café por la tarde. Allí pasan largas horas charlando, fumando y tomando café. En estas tertulias hablan de todo: de arte, de literatura, de música, de la vida política, económica y social, de las mujeres, etcétera. A veces todos tratan de hablar al mismo tiempo, hablando en voz alta y gritando.

A. : Dicen que se come bien en España. Dígame Ud., ¿es cierto?

T. : Sí, pero no en el café. Allí se toma solamente café, chocolate o té, y pasteles.

Para comer o cenar, se va al restaurante.

A. : Ya recuerdo.

T. : En las calles que tienen aceras① anchas hay cafés al aire libre. También hay cafés en las plazas y en los parques a la sombra de los árboles, especialmente cuando no hace frío. ¿Sabe Ud. que muchas veces no se toma el café en tazas?

A. : Pues, ¿en qué se toma?

T. : En vasos. Primero el camarero echa café hasta que uno levanta el dedo, indicando que hay bastante. Entonces el camarero echa leche caliente. Esto se llama "café con leche". A veces toman café solo②.

A. : Alguien me ha dicho que los españoles no trabajan mucho; que son perezosos. ¿Es cierto?

T. : ¡Claro que no! Sí que trabajan. Es cierto que tienen muchas fiestas y que a veces dejan para mañana lo que no es necesario hacer hoy, no hay más que recordar la antigua cultura española, y mirar la moderna. Tiene uno que reconocer que los españoles de ayer y de hoy son hombres de gran energía. Pero, mañana podemos hablar más de estas cosas.

① 남미에서는 흔히 vereda(인도, 보도)라고도 한다.
② '블랙 코오피'를 말함.

※ 어휘 (Vocabularios)

1. **명사** : Arturo(남자 이름) la acera(보도, 인도) la cultura(문화) el dedo(손가락) la energía(에너지, 정력) la literatura(문학) la mujer(여자) la plaza(광장) el restaurante(식당, 음식점) la taza(잔, 컵) Teodoro(남자 이름) la voz(음성, 목소리 : 복수는 voces)
2. **형용사** : antiguo, -a(고대의, 오래된) económico, -a(경제의, 경제적인) gran(큰, 위대한) perezoso, -a(게으른) político, -a(정치적인) social(사회적인)
3. **동사** : charlar(잡담하다) dejar(두다, 남겨 놓다) echar(따르다, 붓다) fumar(담배피우다) gritar(외치다) indicar(지시하다) reconocer(인정하다 : conocer처럼 변화됨)
4. **기타 단어들** : etcétea(…등) todo(모든 것)
5. **관용적 표현** : al mismo tiempo(동시에) cafés al aire libre(노상 카페) en voz alta(큰 소리로) laras horas(여러 시간) no(hay) más que recordar(〔단지〕 기억만 하면 된다) por lo general(대개, 일반적으로) sí que(+동사)(정말로) todos van(모든 사람이 간다) tratar de(…을 다루다)

※ 문법 (Gramática)

1. **현재분사**

규칙동사 : hablar : hablando(영 = *speaking*)
comer : comiendo(영 = *eating*)
vivir : viviendo(영 = living)

영어에서 -ing로 끝나는 현재분사는 스페인어에서는 -ar동사는 어간에 -ando를 붙이고, -er와 -ir동사는 -iendo를 붙여서 만든다. 현재분사는 항상 -o로 끝나며 어미변화를 하지 않는다.

불규칙 동사 : decir : diciendo(영 = *saying, telling*)
ir : yendo(영 = *going*)
poder : pudiendo(영 = *being able*)
creer : creyendo(영 = *believing*)

leer : leyendo(영 =*reading*)
traer : trayendo(영 =*bringing*)
venir : viniendo(영 =*coming*)

이상은 현재분사가 모두 불규칙 변화들이다.

2. 현재분사의 용법

¿Qué está usted leyendo? 당신은 무엇을 읽고 있읍니까?

Yo estaba charlando con un amigo.
나는 친구 한 사람과 잡담을 하고 있었다.

Pasamos largas horas hablando.
우리는 이야기하면서 여러 시간을 보낸다〔보냈다〕.

Leyendo un libro como éste, se aprende mucho.
이와 같은 책을 읽음으로써 사람들은 배운다.

estar는 시제의 진행형을 나타내기 위하여 현재분사와 함께 쓰인다. 다시 말하면 진행중인 동작을 강조한다. 습관적으로 하는 것을 표현하기 위해서는 진행형을 쓰지 않고 직설법 현재를 그대로 쓰면 된다. ir, salir, venir 등 동사와 함께 현재분사가 쓰여 진행형이 되기도 한다.

영어와는 달리 스페인어에서는 현재분사가 아니라 동사의 원형이 전치사 뒤에 쓰인다.

antes de verlos(그들을 보기 전에 : 영어같으면 '*seeing*'을 씀).

3. 현재분사와 함께 쓰이는 목적대명사의 위치

Leyéndolo, aprendí eso.
그것을 읽음으로써 나는 그것을 배웠다.

Está pagándola. (또는 La está pagando.) 그는 그것을 지불중이다.

현재분사의 목적어로 쓰이는 대명사는 동분사에 붙여 쓴다. 단 진행형에 있어서는 예외인 바, 이 경우에는 대명사는 estar형의 앞에 놓이거나 아니면 분사에 붙게 된다. 대명사가 현재분사에 붙을 때에는 음절이 늘기 때문에 액선트를 찍어야 된다. 동사의 원형과 긍정명령에도 대명사가 붙는다는 것을 기억하고 있을 줄 믿는다.

4. grande가 gran이 되는 경우

Es un gran hombre. 그는 위대한 사람이다.

Son hombres de gran energía. 그들은 대단한 정력가들이다.

참고 grande가 남성 또는 여성 단수명사 앞에 올 때에는 규칙적으로 'gran'이 되며 그 뜻은 대개 〈위대한〉을 의미한다. 복수명사 앞에서는 grandes가 된다.

un hombre grande는 〔체격이〕 큰 사람이라는 뜻이다.

5. 〈두다〉, 〈남겨 두다〉의 번역

Deje usted eso para mañana. 그것을 내일로 미루십시오.
Los dejé en la mesa. 나는 그것들을 테이블 위에 남겨 두었다.
Salió de la casa. 그는 집을 떠났다.
Partieron de España. 그들은 스페인을 떠났다.

dejar, salir 및 partir(또한 marcharse, irse) 등은 모두 영어로 '*to leave*'의 뜻을 가지나, dejar는 어떤 것을 뒤에 남겨 놓는다는 의미이며, salir는 〈나가다〉란 뜻이다. 그리고 partir는 〈떠나다, 출발하다〉라는 뜻이다. 이들 동사는 모두 dejar를 제외하고는 장소의 이름이 뒤에 올 때 de를 필요로 한다.

※ 질문 (Preguntas)

다음 물음에 스페인어로 대답하시오.

1) ¿Qué está leyendo Teodoro?
2) ¿De qué trata el libro?
3) ¿Con quién estaba charlando Arturo hace unos días?
4) ¿De qué habló su amigo?
5) ¿A dónde van todos por la tarde?
6) ¿Cómo pasan largas horas allí?
7) ¿De qué hablan en las tertulias?
8) A veces, ¿qué tratan de hacer todos?
9) ¿Se come eu un café en España?
10) ¿Qué se toma allí?
11) ¿A dónde va uno para comer?
12) ¿Dónde hay cafés al aire libre?
13) ¿Siempre se toma el café en tazas?
14) ¿En qué se toma?
15) ¿Qué echa primero el camarero?
16) Después, ¿qué echa?
17) ¿Toman café solo en España?
18) ¿Son perezosos los españoles?

LECCION TREINTA Y CINCO

Buscando un regalo

(Sara estaba en el centro y después de hacer unas compras, caminaba por la calle mirando los escaparates①. De repente se encontró con su amiga Olga.)

Sara : ¡Hola, Olga! ¿Qué tal?

Olga : Muy bien, gracias, pero estoy un poco cansada. ¿Dónde has estado?

S. : Primero fui a buscar un regalo de cumpleaños para mi hermanito Diego. Busqué algo bonito en varias tiendas y por fin le compré una camisa y dos rollos de plelícula. Mañana papá va a regalarle una nueva cámara de treinta y cinco milímetros.

O. : A propósito, ¿cuánto vale una cámara buena?

S. : No sé exactamente, pero creo que ésta vale doscientos dólares, más o menos. Bueno, después de comprar esas cosas, entré en otra tienda y vi unos guantes preciosos que están muy de moda. Iba a comprarlos, pero ya no tenía dinero.

O. : Tengo aquí un billete de cinco dólares que me dio papá anoche y no lo necesito en este momento. ¿Lo quieres?

S. : ¿Puedes prestármelo? Te lo devuelvo esta noche.

O. : Más vale esperar hasta mañana para devolvérmelo porque esta noche no voy a estar en casa. Aquí lo tienes.

S. : Muchas gracias, eres muy amable. ¿No quieres acompañarme a comprar los guantes?

O. : Sí, si no está muy lejos la tienda, porque ya no voy a comprar nada más. ¿Son de seda los guantes?

S. : No, de piel, y, como ya he dicho, están muy de moda. Cuando la empleada me los enseñó, me los probé y me quedaron fperfectamente.

(Las dos muchachas entraron en la tienda y se acercaron al mostrador donde vendían guantes. Al poco rato vino la empleada y les preguntó qué deseaban.)

S. : ¿Quiere Ud. hacerme el favor de enseñarme otra vez ese par de guantes que me probé hace rato?

Empleada : Con mucho gusto. Aquí los tiene usted. Póngaselos otra vez si Ud. quiere.

S. : (A Olga) ¿Te gustan? Valen solamente cinco dólares.

O. : Sí, son preciosos, y a ese precio debes comprarlos.

(Sara pagó los guantes y, poniéndoselos, salió de la tienda con Olga. Antes de tomar el autobús para volver a casa, las jóvenes fueron a tomar un refresco.)

① 〈쇼윈도우〉의 뜻으로서 남미에서는 'vitrina'라고도 한다.

※ 어휘 (Vocabularios)

1. 명사 : la cámara (카메라, 사진기) Diego (남자 이름) el hermanito (조그만 남동생) el milímetro (밀리미터) Olga (여자 이름) la piel (가죽) el refresco (청량 음료) el rollo (〔필름〕 1 통) la seda (비단, 실크) Sara (여자 이름)
2. 동사 : devolver (ue) (갚다, 돌려 주다) regalar (선사하다, 선물로 주다) valer (값이 나가다, 가치가 있다)
3. 관용적 표현 : al poco rato (잠시 후에, 곧) cámara de treinta y cinco milímetros (35 mm 카메라) de repente (갑자기) encontrarse (ue) con (…와 〔우연히〕 만나다) hace rato (조금 전에) más vale 또는 vale más (…하는 것이 더 낫다) otra vez (다시) ¿quiere Ud. hacerme el favor de (+원형) ? (청컨대 …해 주시겠읍니까 ?) regalo de cumpleaños (생일 선물) te lo devuelvo (내가 너에게 그것을 갚겠다.)

※ 문법 (Gramática)

1. 2개 인칭목적대명사의 결합

Ella me lo presta. 그 여자는 나에게 그것을 나에게 빌려 준다.

Nos los escribe. 그들은 우리에게 그것들을 쓴다.
¿Te la enseñaron? 그들은 너에게 그것을 보여 주었니?
Se lo da a él. 그는 그것을 그에게 준다.
Se lo da a ella. 그는 그것을 그 여자에게 준다.
Se lo da a usted. 그는 그것을 당신에게 준다.
Se lo da a ellos. 그는 그것을 그들에게 준다.
Se lo da a ellas. 그는 그것을 그 여자들에게 준다.
Se lo da a Uds. 그는 그것을 당신들에게 준다.
Quiero leérselo a ella. 나는 그것을 그 여자에게 읽어 주고 싶다.
Al llevárselo a ellos. 그것들을 그들에게 가져감에 있어.

동일한 동사의 목적어로 쓰이는 2개의 대명사가 쓰일 때에는 간접목적어가 직접목적어보다 앞선다. 2개의 목적대명사가 3인칭으로 되어 있을 경우 간접목적어 le나 les는 se로 대치된다. 즉 l자로 시작되는 2개의 대명사를 결코 함께 써서는 안 된다. se는 〈그에게, 그 여자에게, 당신에게, 그들에게, 그 여자들에게, 당신들에게, 그것들에게〉의 뜻이 될 수도 있어 그 뜻이 애매하므로 명확성을 기하기 위해 se 이외에 전치격 대명사를 추가시킬 필요가 있다.

Se los pone. 그는 그것들을 신는다(낀다, 입는다 등).
Voy a ponérmelo. 나는 그것을 써 보려고 한다.
Pruébeselos Ud. 그것들을 껴 보십시오(신어 보십시오 등).
Poniéndoselos, salió con Olga.
그것을 끼고 그 여자는 올가와 함께 나갔다.

ponerse 동사는 몸에 걸치는 의류 등을 〈입다, 쓰다, 신다, 끼다〉 등 다양한 의미를 갖는다. 즉 옷은 입는다, 모자는 쓴다, 구두는 신는다, 장갑은 낀다가 될 것이다.

위의 문장에서 볼 수 있는 바와 같이, 재귀대명사는 다른 어떠한 목적대명사보다 앞에 온다. 2개의 대명사 목적어가 동사의 원형(inf.)이나 또는 긍정명령에 붙을 때에는 동사의 강세음절 위에 액센트 부호를 찍어야만 한다. 1개 또는 2개의 대명사가 추가될 때에는 현재분사의 마지막에서 두 번째 음절 위에 액센트를 찍는다.

2. volver 및 devolver의 용법

Volvieron a casa. 그들은 집에 돌아왔다.
Le devolví el dinero. 나는 그에게 돈을 갚았다.
Te lo devuelvo. 나는 그것을 너에게 돌려 주겠다.

'volver'는 〈돌아오다, 돌아가다〉의 뜻이며 'devolver'는 〈빌린 것을 되돌려 주다, 반환하다〉라는 뜻이다.

3. 불규칙 동사 valer

valer 동사(…할 가치가 있다, 값이 …이다)의 직설법 현재는 다음과 같다.

valgo, vales, vale, valemos, valéis, valen

¿Cuánto vale una cámara? 카메라 1대의 값이 얼마나 됩니까?

Ésta vale doscientos dólares. 이것은 200弗 입니다.

Más vale esperar un rato. 잠시 기다리는 것이 더 좋겠다.

현재분사, 과거분사, 부정과거와 불완료과거 시제는 규칙이다. 명사와 대명사 목적어와 함께 정상적으로 쓰이는 것 이외에, 제 3인칭 단수는 비인칭적으로 쓰이기도 한다. Más vale 또는 Vale más는 〈…하는 것이 더 좋다(낫다)〉라는 뜻을 갖는다.

※ 질문 (Preguntas)

다음 물음에 스페인어로 대답하시오.

1) ¿Dónde estaba Sara?
2) ¿Con quién se encontró?
3) ¿Por qué fue Sara al centro?
4) ¿Qué compró?
5) ¿Qué va a regalarle a Diego su papá?
6) ¿Qué vio Sara en otra tienda?
7) ¿Por qué no los compró?
8) ¿Qué tiene Olga?
9) ¿Puede prestárselo a Sara?
10) ¿Son de seda los guantes?
11) ¿Le quedaron bien a Sara?
12) ¿Cuánto valen?
13) ¿Le gustan a Olga?
14) ¿Compró Sara los guantes?
15) Antes de tomar el autobús, ¿a dónde fueron las jóvenes?

LECCION TREINTA Y SEIS

Hablando por teléfono

(Suena el teléfono y Dorotea contesta.)

Dorotea : ¡Bueno![1]

Emilio : ¿Está[2] el señor Oscar Martínez?

D. : No está en este momento. ¿Quién habla?

E. : Habla Emilio Domínguez. Conocí al señor Martínez hace más de dos años.

D. : Pues, yo soy su hermana. ¿Quiere usted dejarle un recado?

E. : ¿Quiere Ud. hacerme el favor de decirle que estoy en el Hotel Buena Vista? El teléfono es 821-34-56.

D. : Un momento, por favor. Oigo el coche. Creo que en este momento llega Oscar.

(Oscar entra y Dorotea le dice que Emilio Domínguez le llama.)

Oscar : ¡Hola, Emilio! ¿Qué tal?

Emilio : Perfectamente, gracias.

O. : ¿Cuándo llegó Ud. a la capital?

E. : Hace menos de tres horas.

O. : Es un gran placer tenerle en México y tengo muchas ganas de verle nuevamente③. ¿Vino en coche?

E. : Sí, y fue el viaje más agradable que jamás he hecho. Pasé de noche una buena parte del viaje que cruza las montañas, y creo que a la luz de la luna el paisaje cs aún más hermoso que de día. En vez de tomar la carretera nueva, tomé la Carretera Panamericana, que para mí es uno de los caminos más interesantes del mundo.

O. : Este año todo parece más hermoso que nunca. Deseo verle a Ud. muy pronto, pero ahora tiene que perdonarme. Ahora mismo tengo que ir a una reunión. Oiga, ¿a qué hora puedo llamarle mañana?

E. : Entre las nueve y las once, a cualquier④ hora. Como estoy muy cansado, voy a acostarme temprano, pero espero levantarme a las siete de la mañana.

O. : Está bien. Voy a llamarle a las ocho y podemos hacer una excursión por la ciudad. Hasta mañana.

E. : Adiós. Hasta mañana.

① 스페인어 사용 제국에서 쓰이는 다른 전화 인사말은 "Diga, Dígame, Hola, Aló" 등이다.

② ¿Está?는 ¿Está en casa?의 뜻이다.
③ nuevamente 〈다시〉란 뜻으로 "otra vez, una vez más"와 같은 의미이다.
④ cualquier 는 〈어떠한, 여하한〉의 뜻으서로 명사 앞에서는 cualquíera 대신에 쓰인다.

※ 어휘 (Vocabularios)

1. 명사 : el camino(길, 도로) la carretera(가도) Dorotea(여자 이름) Emilio(남자 이름) la excursión(유람, 관광여행) la gana (소망, 바람) el hotel(호텔) la luna(달 : 영=*moon*) la luz(빛 : 복수 luces) el paisaje(경치) el recado(메시지, 전언) Oscar(남자 이름)

2. 형용사 : cualquier(어떠한, 여하한) panamericano, -a(범미의)

3. 부사 : aún(더욱, 아직) jamás(일찌기, 결코…하지 않는) nuevamente(새롭게, 다시)

4. 동사 : cruzar(건너다, 횡단하다) oír(듣다) perdonar(용서하다)

5. 관용적 표현 : a la luz de la luna(달빛에) ahora mismo(지금 곧) de día(낮에) de noche(밤에) en vez de(…대신에) hacer una excursión(관광여행을 하다) oiga(Ud.)(들으십시오, 여보세요)
   ¿quiere Ud. hacerme el favor de decirle...? 청컨대 그에게 말씀 전해 주시겠읍니까?
   tener muchas ganas de …을 대단히…하고 싶다.
   una buena parte 상당한 부분.

※ 문법 (Gramática)

1. 형용사의 비교

bonito(아름다운) más bonito(더 아름다운) el más bonito(가장 아름다운) difícil(어려운) más difícil(더 어려운) el más difícil (가장 어려운) moderno(현대의) más moderno(더 현대의) el más moderno(가장 현대의, 최신의)

이상 예시한 3개의 형용사 중 맨 처음 것은 원급이고, 두 번째 것은 비교급이며, 마지막 것은 최상급들이다, más는 우등비교를 위한 부사로서 〈더…한〉의 뜻이며, 열등비교 즉 〈덜…한〉은 menos로 나타낸다. 최상급에는 해당 정관사를 붙이고, 형용사는 명사의 성과 수에 일치해야만 한다. 가령 bonito는 el más bonito, la más bonita, los más bonitos, las más bonitas 등 네 가지로 변한다. 때로는 소유형용사(mi, tu 등)가 위에 말한 정관사를 대치하기도 한다. 다른 예를 들어본다.

Juan es más joven que yo. 후안은 나보다 더 젊다.
Son menos altas que ella. 그 여자들은 그 여자보다 덜 키가 크다.
Es la ciudad más grande. 그것은 보다 큰〔가장 큰〕 도시이다.
Es la lección más difícil.
그것은 보다 어려운〔가장 어려운〕 학과이다.
Son mis guantes más nuevos.
그것들은 나의 보다 새로운〔가장 새로운〕 장갑이다.

위의 마지막 3개 예문에서 어순을 유의해 보기 바란다. más와 menos가 비교급 또는 최상급으로 쓰인 것인지의 여부는 문맥으로 보아서 알 수 있으며, 비교급은 다른 것과 비교될 때, 그리고 최상급은 2개 또는 그 이상의 것과 비교될 때 사용된다.

2) Tenía más dinero que Luis.
그는 루이스보다 더 많은 돈을 갖고 있었다.
Yo tenía menos de cien dólares. 나는 100弗 이하를 갖고 있었다.
Recibe más cartas que nadie.
그는 누구보다도 더 많은 편지들을 받는다.
Trabajan más que nunca.
그들은 다른 어느 때보다도 일을 더 많이 한다.

〈보다〉란 말은 명사 또는 대명사 앞에서는 que로 표현되며, 숫자 앞에서는 de로 나타낸다. que 다음에 nada, nadie, nunca, jamás 등 부정사가 비교를 완성하기 위해 쓰인다.

3) Es la casa más alta de la ciudad.
그것은 그 도시에서 가장 높은 집이다.
Es el más grande del mundo. 그것은 세계에서 가장 큰 것이다.

최상급 다음에 〈…에서 (중에서)〉는 de로 번역된다.

2. 불규칙 동사 oír의 변화형

oír(듣다 : 영=*to hear*)의 현재분사는 oyendo, 과거분사는 oído이며, 직설법현재는 oigo, oyes, oye, oímos, oís, oyen, 부정과거는 oí, oíste, oyó, oímos, oísteis, oyeron이다.

〈명령형〉 oiga Ud., oigan Uds. 들으십시오.

불완료 과거형은 규칙이다. 부정과거형을 leer 동사와 비교해 보라.

※ 질문 (Preguntas)

다음 물음에 스페인어로 대답하시오.

1) ¿Qué suena?
2) ¿Quién contesta?
3) ¿Qué dice Dorotea?
4) ¿Qué pregunta Emilio Domínguez?
5) ¿Qué contesta Dorotea?
6) ¿En qué hotel está Emilio?
7) ¿Cuándo llegó a la capital?
8) ¿Vino en coche?
9) ¿Qué carretera tomó?
10) ¿Pasó por las montañas de día o de noche?
11) ¿Qué le parece el camino?
12) ¿A dónde tiene que ir Oscar?
13) ¿A qué hora puede llamar a Emilio?
14) ¿Qué pueden hacer?

마요르카 섬의 개관용 풍차

LECCiON TREINTA Y SIETE

Una casa mexicana

(Oscar Martínez había invitado a Emilio Domínguez a pasar la tarde en su casa y había prometido ir al hotel por él. Sin embargo①, tuvo que telefonearle② para decirle que no podía hacerlo.)

Oscar : Emilio, hace media hora mamá tuvo que ir al centro a encontrar a mi hermana menor③, y mi hermano mayor salió en su coche esta tarde. ¿Puede Ud. venir directamente desde el hotel hasta mi casa?

E. : ¡Ya lo creo! ¿Se puede tomar un autobús?

O. : Es mejor tomar un taxi. Es más rápido. Además, el autobús no pasa cerca de nuestra casa.

E. : Está bien. Salgo en seguida.

(Oscar está esperando a su amigo cuando llega el taxi.)

O. : ¡Cuánto me alegro de verle a usted otra vez!

E. : El gusto es mío. Es un gran placer estar aquí. Por fin puedo ver las cosas de que tanto me ha hablado Ud. ¡Qué casa tan bonita tiene Ud.!

O. : Muchísimas gracias. La mayor parte de las casas que hay en esta parte de la ciudad son más grandes, pero no tan cómodas como ésta.

E. : Es la más bonita que he visto. Me gustan mucho las casas de estilo español, con balcones y rejas.

O. : Antes de entrar en la casa, ¿no quiere Ud. ver el patio?

E. : ¡Cómo no!

O. : Pase usted por aquí.

E. : Bueno, Oscar, la fuente y las flores en su jardín, pero no son tan lindas como éstas; y además, no tantas como hay aquí.

O. : Es que tenemos un clima muy agradable. Creo que es el mejor del mundo.

E. : No hay duda. Es el más agradable que he conocido.

① 〈그러나〉 (영어의 *however*)의 뜻으로서 no obstante 라고도 한다.
② 〈전화걸다〉라는 동사로서 llamar por teléfono 가 흔히 쓰인다.
③ hermana menor 는 〈누이동생〉, hermano mayor 는 〈형〉이란 말이다. 이 경우 mayor 와 menor 〈손위의, 손아래의〉 즉 〈연장의, 연하의〉란 뜻을 갖고 있다.

※ 어휘 (Vocabularios)

1. 명사 : el balcón (발코니 : 복수 balcones) la fuente (샘, 분수) la reja (창살)

1. 부사 : directamente(직접)

2. 동사 : prometer(약속하다) telefonear(전화걸다)

3. 관용적 표현 : ¡cuánto me alegro de verle a Ud.!
당신을 만나뵈어 참 반갑습니다.

es que(사실인즉 …하다) hace media hora(반시간 전에) ir por (데리러 가다) la mayor parte de(대부분의) ¡qué casa tan bonita! (얼마나 아름다운 집인가!)

※ 문법 (Gramática)

1. 형용사의 불규칙 비교

bueno(좋은) mejor(더 좋은) el mejor(가장 좋은) malo(나쁜) peor(더 나쁜) el peor(가장 나쁜) grande(큰) más grande(더 큰) 또는 mayor(더 큰, 더 나이가 든) el más grande(가장 큰) 또는 el mayor(가장 큰, 가장 나이가 든) pequeño(작은) más pequeño (더 작은) 또는 menor(더 작은, 더 나이가 어린) el más pequeño (가장 작은) el menor(가장 작은, 가장 나이가 어린) mucho(s) (많은) más(보다 많은, 가장 많은) poco(s) (적은) menos(보다 적은, 가장 적은)

위에 지적된 것들을 제외한 모든 형용사는 비교에 있어서 규칙적으로 변한다. grande와 pequeño는 크기를 나타낼 때에는 규칙형을 가지며, 불규칙형인 mayor와 menor는 대개 사람을 지칭, 각각 〈나이가 더 많은〉, 〈나이가 더 어린〉의 뜻을 나타낸다. mejor와 peor는 명사 뒤에 올 수도 있는 바, 그 이유는 강조될 때를 제외하고는 bueno와 malo가 보통 그 뒤에 오기 때문이다.

〈대부분의〉는 la mayor parte de로 번역된다.

La mayor parte de(las casas son grandes). (대부분의 〔집들은 크다〕) parte 다음에는 복수동사가 올 수 있다는 점을 유의해야 한다.

grande가 남성 또는 여성 단수명사 앞에서는 gran이 되며 〈위대한〉이란 뜻이 된다는 것을 기억해 두기 바란다. 정식 형태가 복수명사 앞에서 쓰인다 : un gran hombre(위대한 사람〔남자〕), una gran mujer(위대한 여자) ; muchas grandes comedias(많은 위대한 희곡들)

2. 부사의 비교

pronto(빨리, 곧) más pronto(보다 빨리, 가장 빨리) bien(잘),

mejor(더 잘, 가장 잘) mal(나쁘게, 서툴게) peor(보다 나쁘게, 보다 서툴게 ; 가장 나쁘게, 가장 서툴게) mucho(많이) más(더 많이, 가장 많이) poco(조금) menos(더 적게, 가장 적게)

부사는 형용사와 마찬가지 방법으로 규칙적으로 변화된다. 위에 설명된 마지막 4개의 부사만이 불규칙적으로 비교되는 것들이다. 부사의 최상급에는 정관사가 붙지 않는다.

3. 〈대단히, 매우, 몹시〉의 번역

Son muy hermosas(또는 hermosísimas).

그 여자들은 대단히 미인이다.

Tiene muchísimo dinero. 그는 엄청나게 돈이 많다.

Me gustan muchísimo. 나는 그들을 지극히 좋아한다.

형용사 또는 부사 앞에서, 〈대단히, 매우, 몹시〉는 대개 'muy'로 표현된다. 그러나, 〈대단히, 지극히〉라는 뜻을 강조하기 위해서 어미 -ísimo(-a, -os, -as)를 형용사에 덧붙일 수가 있다. 절대최상급으로 불리우는 위의 -ísimo가 첨가될 때, 형용사의 마지막 모음은 탈락된다. muchísimo는 형용사 〈대단히 많은〉 또는 부사 〈대단히 많이〉의 뜻으로 쓰인다. muy는 mucho 앞에서 결코 사용되지 않는다.

형용사 mucho와 mucha는 스페인어에서 어떤 명사 앞에서 〈대단히〉라는 의미가 되며, 그것이 단독으로 쓰일 때도 그러하다.

Hace mucho sol. 햇볕이 많이 든다.

Tenemos mucho frío. 우리는 몹시 춥다.

¿Tiene Ud. hambre? 당신은 배가 고픕니까?

—Sí, mucha. 네, 〔배가〕 몹시 〔고픕니다〕.

4. 동등비교

Es tan cómodo como ése. 그것은 저것만큼 편안하다.

Tiene tantas flores como ella.

그는 그 여자만큼 그렇게 많은 꽃을 갖고 있다.

No tengo tanto dinero como él.

나는 그이처럼 그렇게 많은 돈을 갖고 있지 않다.

No trabajan tanto. 그들은 그렇게 열심히 일하지 않는다.

No quiero tantos. 나는 그렇게 많은 것들을 원하지 않는다.

지금까지 살펴본 형용사의 비교는 앞에서 나온 〈보다 많이, 가장 많이, 보다 적게, 가장 적게〉 등의 말로서 표현된 바와 같이 부등비교를 나타내고 있다. 동등비교에 있어서 사람, 사물, 또는 집단은 〈…만큼(처럼) …하다〉 등의 단어로 표시된 바와 같이 동등하게 비교되고 있다. 즉 tanto (-a, -os, -as)+명사+como와 tan+형용사 또는 부사+como의 구문으로 표현이 된다.

형용사, 대명사, 혹은 부사로 쓰일 수 있는 tanto는 위의 마지막 2개 예문처럼 단독으로 사용될 수 있다.

※ 질문 (Preguntas)

다음 물음에 스페인어로 대답하시오.

1) ¿Qué le había prometido Oscar a Emilio Domínguez?
2) ¿Por qué le telefoneó a Emilio?
3) ¿Por qué no tiene coche?
4) ¿Por qué es mejor tomar un taxi para ir a su casa?
5) ¿Qué dice Oscar cuando llega Emilio?
6) ¿Qué dice Emilio?
7) ¿Cómo es la casa de Oscar?
8) ¿Cómo son la mayor parte de las casas?
9) ¿De qué estilo es la casa?
10) ¿Qué hay en el patio?
11) ¿Cómo son las flores?
12) ¿Cómo es el clima de la capital?

LECCION TREINTA Y OCHO

Una corrida de toros

(Un sábado por la tarde Emilio Domínguez está sentado en el vestíbulo del Hotel Buena Vista cuando llega su amigo Ricardo Rodríguez y le saluda.)

Ricardo : Dispense Ud., Emilio. ¿Qué está leyendo?

Emilio : Una revista que tiene un artículo de deportes muy interesante. Dígame Ud., ¿no sabe si habrá corrida de toros mañana?

R. : Creo que sí, pero para estar seguro compraré un periódico, y así lo sabremos. (Lo compra y vuelve al poco rato.) Sí, habrá una en la nueva plaza de toros. ¿Piensa Ud. ir?

E. : Sí, quiero llevar a mi hermana que llegará mañana por la mañana. Tiene muchas ganas de ver una corrida y cuando le escribí hace varios días le dije que compraría boletos para mañana. ¿Cuántos toros matarán?

R. : Casi siempre hay seis. (Vuelve a mirar el periódico.) Sí, habrá seis mañana.

E. : ¿A qué hora empieza la corrida?

R. : A las cuatro en punto, pero es mejor llegar un poco antes.

E. : ¿No quiere Ud. acompañarnos?

R. : Tendría mucho gusto en ir con Uds., pero al mediodía Pablo Gómez y yo saldremos para hacer una excursión a las montañas. Me invitó la semana pasada. A usted le gustan otros deportes, ¿verdad?

E. : Sí, soy muy aficionado a todos los deportes. Dicen que el "jai-alai"①, o la pelota, es muy interesante. Aquí se juega mucho la pelota, ¿no?

R. : Muchísimo, y se juega bien. Es uno de los juegos más rápidos del mundo y aquí tenemos algunos jugadores vascos, muy buenos. ¿No le gustaría ir conmigo esta noche a ver un partido de pelota?

E. : Sería un gran placer, porque siempre he tenido ganas de ver un partido.

R. : Muy bien. Vendré por Ud, a las siete, y antes de ir al frontón② podremos cenar en un restaurante vasco que está cerca de allí. Nos vemos a las siete, ¿eh?

E. : Está bién. Estaré listo.

① 〔바스크 지방의〕 하이 알라이, 공을 차는 놀이.
② 프론톤(공을 판자벽에 부딪치는 놀이), 그 경기장.

※ 어휘 (Vocabularios)

1. 명사 : la corrida (de toros) (투우) el frontón(〔핸드볼〕 코오트) el juego (게임, 경기) el mediodía (정오) la pelota (핸드볼, 공) la plaza de toros (투우장) el punto (점 : 영 =*point*) el toro (투우용 소) el vestíbulo (현관, 로비)

2. 형용사 : alguno, -a (어떤, 약간의) seguro, -a (확실한) vasco, -a (바스크의)

3. 동사 : dispensar (용서하다) matar (죽이다)

4. 관용적 표현 : al mediodía (정오에) artículo de deportes (스포오츠 기사) dispense Ud. (용서하십시오, 실례합니다) ¿eh? (안 그래요 ?) (las cuatro) en punto (〔4시〕 정각) tener mucho gusto en (ir) (대단히 〔가고〕 싶다) volver a (mirar) (다시 〔보다〕)

※ 문법 (Gramática)

1. 미래 및 가능법의 형성

hablar 동사의 미래 및 가능법 미래

hablaré, hablarás, hablará, hablaremos, hablaréis, hablarán

가능법 (단순형)

hablaría, hablarías, hablaría, hablaríamos, hablaríais, hablaríian

직설법 미래 시제는 동사의 원형 전체에다 어미 -é, -ás, -á, -emos, -éis, -án 을 붙여서 규칙적으로 만든다. 1인칭복수를 제외하고 모든 미래 변화형에는 액선트 부호를 붙인다. 스페인어에서 모든 동사에 대하여 오직 한 가지의 직설법 미래 변화형만이 있을 뿐이다.

직설법의 가능법 (단순형) 시제는 동사의 원형에다 -ía, -ías, -ía, -íamos, -íais, -ían 이란 어미를 붙여 만든다. 미래의 경우에 있어서와 같이 스페인어에서는 모든 동사에 대해서 오직 한 가지의 가능성 어미가 있으며 변화형은 모두 액선트를 갖는다.

미래시제는 영어의 '*shall*' 또는 '*will*'에, 그리고 가능법 (단순형) 시제는 '*should*' 또는 '*would*'에 해당한다.

hablaré (*I shall*〔*will*〕 *speak*) hablaría (*I should*〔*would*〕*speak*)

comeré (*I shall*〔*will*〕*eat*) comería (*I should*〔*would*〕*eat*)

viviré (*I shall*〔*will*〔*live*) viviría (*I should*〔*would*〕*live*)

2. 미래 및 가능법에 있어서 불규칙 동사들

haber (원형)

habré, habrás, habrá, habremos, habréis, habrán (미래) habría, habrías, habría, habríamos, habríais, habrían (가능법 단순형)

poder (원형)

podré, podrás, podrá, podremos, podréis, podrán (미래) podría, podrías, podría, podríamos, podríais, podrían (가능법 단순형)

querer (원형)

querré, querrás, querrá, querremos, querréis, querrán (미래) querría, querrías, querría, querríamos, querríais, querrían (가능법 단순형)

saber (원형)

sabré, sabrás, sabrá, sabremos, sabréis, sabrán (미래) sabría, sabrías, sabría, sabríamos, sabríais, sabrían (가능법 단순형)

poner (원형)

pondré, pondrás, pondrá, pondremos, pondréis, pondrán (미래) pondría, pondrías, pondría, pondríamos, pondríais, pondrían (가능법 단순형)

salir (원형)

saldré, saldrás, saldrá, saldremos, saldréis, saldrán (미래) saldría, saldrías, saldría, saldríamos, saldríais, saldrían (가능법 단순형)

tener (원형)

tendré, tendrás, tendrá, tendremos, tendréis, tendrán (미래) tendría, tendrías, tendría, tendríamos, tendríais, tendrían (가능법 단순형)

valer (원형)

valdré, valdrás, valdrá, valdremos, valdréis, valdrán (미래) valdría, valdrías, valdría, valdríamos, valdríais, valdrían (가능법 단순형)

venir (원형)

vendré, vendrás, vendrá, vendremos, vendréis, vendrán (미래)

vendría, vendrías, vendría, vendríamos, vendríais, vendrían (가능법 단순형)

3) decir (원형)

diré, dirás, dirá, diremos, diréis, dirán (미래) diría, dirías, diría, diríamos, diríais, dirían (가능법 단순형)

hacer (원형)

haré, harás, hará, haremos, haréis, harán (미래) haría, harías, haría, haríamos, haríais, harían (가능법 단순형)

미래와 가능법에 있어서 이들 동사의 불규칙성은 어간에 있으며 어미는 규칙동사에 대해서와 마찬가지다.

3. **미래 및 가능법 시제의 용법**

Dice que vendrá. 그는 자기가 올 것이라고 말한다.

Dijo que vendría. 그는 자기가 오겠다고 말했다.

Sabemos que lo harán.
우리는 그들이 그것을 할 것이라는 것을 알고 있다.

Sabíamos que lo harían.
우리는 그들이 그것을 할 것이라는 것을 알고 있었다.

Lo escribiré mañana. 나는 그것을 내일 쓰겠다.

Me gustaría ir con usted. 나는 당신과 함께 갔으면 좋겠다.

1) 미래시제는 영어의 '*shall* 과 *will*'로 번역되며, 미래의 동작 또는 조건을 나타낸다.

지금까지 미래에 발생하는 것은 다음과 같은 표현을 써서 만들었다.

Voy a hacerlo. 나는 그것을 하려고 한다.

Lo tomo. 나는 그것을 취하겠다.

Si viene mañana. 만일 내일 그가 온다면.

¿Quiere usted ir conmigo? 당신은 나와 함께 가시겠읍니까?

No quieren ir. 그들은 가고 싶어하지 않는다.
(즉 가고 싶은 마음이 내키지 않는다는 뜻임)

¿No quieres venir? 너는 오지 않겠니?

위의 3개 문장은 모두 영어의 조동사 '*will*'과 관계 있는 표현들임.

2) 가능법 단순형 시제는 앞서 말한 바와 같이 '*shoud*' 또는 '*would*'로 번역된다. *should* 가 〈…해야만 한다〉 즉 도덕적인 의무감을 뜻할 때에는 deber 라는 동사로서 표현된다.

Debo escribirles. 나는 그들에게 편지를 써야만 한다.

3) 미래와 가능법 시제는 〈…인지 아닌지〉(영어의 *whether*)를 의미할 때에 한해서 si 다음에 쓰일 수 있다.

No sé si vendrán. 나는 그들이 올런지 어떤지를 모른다.

No sabía si vendrían. 나는 그들이 올런지 안올런지를 모르고 있었다.

4) 비인칭미래형 habrá는 〈…가 있을 것이다(영=*there will be*)〉의 뜻으로 가능법 단순형 habría는 *there would be*를 뜻한다.

※ 질문 (Preguntas)

다음 물음에 스페인어로 대답하시오.

1) ¿Dónde está Emilio Domínguez?
2) ¿Quién llega?
3) ¿Qué está leyendo Emilio?
4) ¿Qué quiere saber?
5) Para estar seguro, ¿qué hace Ricardo?
6) ¿Quién llegará?
7) ¿Qué quiere ver?
8) ¿Cuántos toros matarán?
9) ¿A qué hora empieza la corrida?
10) ¿A dónde irá Ricardo?
11) ¿Es aficionado Emilio a los deportes?
12) ¿Qué se juega en el frontón?
13) ¿Es rápido el juego?
14) ¿Le gustaría a Emilio ver un partido?
15) ¿A qué hora vendrá Ricardo por él?
16) ¿Dónde pueden cenar?

LECCION TREINTA Y NUEVE

En la acera[1]

Carmen : Buenas tardes, Marta. ¿Qué hace Ud. aquí en la acera a esta hora?

Marta : Estoy esperando a María Molina. Me dijo que estaría aquí para las dos y ya son casi las dos y media.

C. : ¿No sabe Ud. a dónde ha ido?

M. : Dijo que tenía que ir al banco a cobrar un cheque, y que después iría al correo a comprar sobres y a echar unas cartas. Necesitaba sellos[2] porque quería mandar sus cartas por correo aéreo. Pero no sé por qué ha tardado tanto tiempo.

(Precisamente entonces ven a María que camina rápidamente por la calle.)

Ma. : Marta, es Ud. muy amable en esperarme. Habría llegado a tiempo, pero me detuve unos minutos a hablar con Bárbara López y con Juan García.

Éste ha de partir para un víaje esta noche y...

M. : Un momento, María. Quiero presentarle a mi amiga, Carmen Pardo.

Ma. : Mucho gusto en conocerla a Ud., Carmen.

C. : El gusto es mío③.

M. : Carmen trabaja ahora en la oficina de mi tío, pero esta tarde no está abierta la oficina.

Ma. : Carmen, ¿podría usted ir al teatro④ con nosotras?⑤ Hay una función especial que promete ser muy interesante. Va a comenzar dentro de unos minutos.

C. : No, gracias. Me gustaría mucho ver el programa, pero le prometí a mi hermanito ir al museo con él. Estoy segura de que está esperándome en la esquina de la Calle de Toledo y la Avenida de Mayo, porque yo había de estar allí a las dos y cuarto. He tenido mucho gusto en conocerla, María.

Ma. : El gusto ha sido mío.

C. : Con permiso.

Marta y Ma. : Ud. lo tiene.

Ma. : Pues, si no nos damos prisa vamos a perder la función.

M. : Tiene Ud. razón. Vamos por esta calle porque no hay mucha gente.

① 보도·인도를 뜻하며 남미에서는 vereda 라고 한다.
② 우표를 뜻하며, 멕시코에서는 el timbre, 아르헨티나 등에서는 estampilla 라고 한다. sello 는 수입인지 또는 도장을 의미하기도 한다. 우표의 뜻으로서는 sello de correo 가 정확한 표현이다.
③ 상대방이 〈당신을 만나 보게 되어 반갑습니다.〉에 대답하는 표현으로서 〈반가움은 저의 것입니다〉란 직역인 바, 〈저 역시 반갑습니다.〉라는 말이 된다.
④ 우리는 단순히 극장이라고 하나 스페인어에서는 연극이나 공연을 하는 장소는 el teatro 이며, 영화를 상영하는 곳, 즉 영화관은 el cine 로 엄격히 구분이 된다.
⑤ 〈우리〉가 모두 여자들일 경우임.

※ 어휘 (Vocabularios)

1. **명사** : la avenida (거리 : 병목가로서 calle 보다는 넓은 거리를 뜻함) el banco (은행) el correo (우편, 우체국) el cheque (수표) la esquina (〔거리의〕 모퉁이) la función (공연) la prisa (급함) el sello (우표, 도장) el sobre (봉투)
2. **형용사** : aéreo, -a (항공의) especial (특별한)
3. **부사** : rápidamente (빨리, 신속히)
4. **동사** : cobrar (돈을 받다, 징수하다, 추심하다) comenzar (ie) (시작하다 : 이 동사 다음에는 전치사 a+inf. 가 옴) detenerse (멈추다, 정지하다 : 변화는 tener 와 같다) mandar (보내다, 명령하다) perder (ie) (잃다, 놓치다)
5. **관용적 표현** : darse prisa (서둘다) echar (al correo) (우편으로 부치다) estar seguro (-a) de que (…라고 확신하다) haber de (+inf.) (…할 예정이다, …해야 한다) para las dos (2 시까지는) por correo aéreo (항공 우편으로) 〔혹은 por avión 이라고도 쓰임〕 precisamente entonces (바로 그 때에) mucho gusto en conocerle (-la) (당신을 만나 뵈어 반갑습니다) tardar tanto tiempo (그렇게 늦어지다, 시간이

그토록 많이 걸리다) vamos(갑시다)

※ 문법 (Gramática)

1. 완료미래와 가능법 복합형 시제의 형성

완료미래와 가능법 복합형 (hablar)

1) 완료미래

habré hablado, habrás hablado, habrá hablado, habremos hablado, habréis hablado, habrán hablado

2) 가능법 복합형

habría hablado, habrías hablado, habría hablado, habríamos, hablado, habríais hablado, habrían hablado

스페인어에 있어서 완료과거와 대과거의 시제와 마찬가지로 haber 동사의 현재와 불완료 과거 시제와 어떠한 과거분사를 붙여서 만들며, 완료미래와 가능법 복합형 시제는 haber의 미래와 가능법 단순형에다 과거분사를 붙여서 만든다.

이들 시제는 영어로 다음과 같이 규칙적으로 사용된다.

habré hablado(*I shall*〔*will*〕 *have spoken*) habría hablado(*I should* 〔*would*〕 *have spoken*)

2. haber de의 표현

Ha de partir esta noche. 그는 오늘밤 떠날 예정이다.
〔즉 떠나기로 되어 있다.〕

Han de cantar el domingo. 그들은 일요일에 노래부를 예정이다.
〔즉 노래 불러야만 된다.〕

Yo había de estar allí. 나는 그 곳에 있기로 되어 있었다.

위의 경우처럼 haber de 다음에 동사의 원형을 써서 일종의 약속이나 또는 가벼운 의무를 나타낸다.

이 때 의무감은 tener que+inf.로 표현되는 경우만큼 그렇게 강하지는 않다.

Dijo que tenía que ir al banco.
그는 자기가 은행에 가야만 된다고 말했다.

hay que+inf.는 일반적인 주어를 받는다는 것을 기억할 것이다. 때때로 haber의 비인칭형 (había, habrá, habría)이 비슷하게 쓰인다.

Hay que comer. 먹어야만 한다.

Habrá que hacerlo. 그것을 할 필요가 있다.

3. 후자의 뜻

¿Vio Ud. a Carmen y a María? Ésta es mi prima.

당신은 까르멘과 마리아를 보았읍니까? 후자는 내 사촌입니다.

지시대명사 éste(-a, -os, -as)는 스페인어에서 후자로 번역된다.

4. 부사의 형성

rápido, -a(빠른, 신속한) rápidamente(빨리, 신속하게) especial (특별한) especialmente(특별히)

스페인어에서 부사는 형용사의 여성단수형에다 -mente를 붙여서 만든다. 또한 부사는 con에다 명사를 붙여서 만든다.

※ 질문(Preguntas)

다음 물음에 스페인어로 대답하시오.

1) ¿Dónde está Marta?
2) ¿A quién está esperando?
3) ¿A qué hora dijo María que estaría allí?
4) ¿A dónde tenía que ir primero?
5) ¿Después?
6) ¿Qué necesitaba?
7) ¿Cómo quería mandar sus cartas?
8) ¿Por qué no llegó a tiempo?
9) ¿Qué decimos cuando presentamos a una persona?
10) ¿Qué dijo María?
11) ¿Qué contestó Carmen?
12) ¿Le gustaría a Carmen ir al teatro?
13) ¿Qué le prometió a su hermanito?
14) ¿Dónde la espera?
15) ¿Qué dice Carmen antes de irse?
16) ¿Qué contesta María?
17) ¿Por qué tienen que darse prisa Marta y María?
18) ¿Cómo se dice en español "갑시다"?

LECCION CUARENTA

Una noche en casa

Cristina : ¿A dónde vas, Magdalena? Acabo de telefonearte y nadie contestó. ¿No puedes dar una vuelta conmigo ahora?

Magdalena : ¡Qué día he tenido, Cristina! Como mi mamá está en casa de mis abuelos, primero tuve que lavar la ropa y limpiar la casa. Luego fui al mercado a comprar carne, legumbres, pan y otras cosas para mañana, y ahora estoy tan cansada que no sé qué hacer.

C. : Comprendo muy bien. Yo también me canso mucho a veces. A propósito, ¿fue Clara contigo a casa de Juanita anoche?

M. : Sí, y ¡qué noche tan agradable hemos pasado allí! ¡Qué gran sorpresa tuvimos! ¿Recuerdas a Marta Ordóñez?

C. : Sí que la recuerdo.

M. : Bueno, acabábamos de sentarnos a jugar a los naipes cuando llegaron Marta y su esposo Humberto. Como sabes, se casaron hace dos meses y pasaron la luna de miel en Acapulco. Ahora están aquí en camino a San Pablo. Cuando Humberto dijo que tenía algunas diapositivas que había sacado en su viaje, quisimos verlas. ¡Qué fotografías más bonitas, todas a colores! No tenía ninguna mala. ¡Algún día voy a hacer un viaje a México!

C. : Yo también. ¡Cuánto siento no haber estado con ustedes① anoche! Pues, ¿qué te parece Humberto?

M. : ¡Qué guapo es! Y es alto y muy simpático.

C. : Me gustaría conocerle y volver a ver a Marta. ¿Cuánto tiempo van a estar aquí?

M. : Creo que ya han partido, porque tienen que llegar a su casa pasado mañana.

C. : ¡Qué lástima! ¿Cantó María esta vez? A mi parecer ninguna muchacha canta tan bien como ella.

M. : Tienes razón. Cantó tres o cuatro canciones mexicanas, y me parece que canta mejor que nunca.

C. : Bueno, sé que estás muy cansada. No quiero molestarte más porque tienes que descansar.

M. : Tú nunca me molestas, Cristina. Siempre tengo mucho gusto en verte. Sin embargo, te agradezco tu solicitud y me voy a descansar. Adiós.

C. : Hasta luego.

① 중남미에서는 vosotros(너희들) 대신에 ustedes가 흔히 쓰인다.

※ 어휘 (**Vocabularios**)

1. **명사** : la carne(고기 : 육류) Cristina(여자 이름) la diapositiva (슬라이드) la legumbre(채소, 야채) la luna de miel(신혼여행 : miel은 〈꿀〉이라는 뜻임) el parecer(의견, 생각) la solicitud(배려, 마음을 씀) Magdalena(여자 이름) la sorpresa(놀라움) Humberto (남자 이름)

2. **형용사** : algún(남성 단수명사 앞에서 alguno는 o가 탈락되며 발음 관계상 u자 위에 액센트가 붙음) guapo, -a(잘 생긴) ninguno, -a(alguno의 부정어, 영어의 *not...any*) santo, -a(성…)

3. **동사** : acabar(끝내다, 끝나다) agradecer(감사를 드리다) casarse (결혼하다) comprender(이해하다) siento(나는 유감으로 생각한다)
   참고 siento의 원형은 sentir이며 어간모음 e가 ie로 변한다. 부정과거에서는 3인칭단·복수에서 어간모음 e가 i로 변한다.

4. **관용적 표현** : a colores(칼러로, 천연색으로) a mi parecer(내 의견〔생각〕에는) acabar de(+inf.)(방금 막…하다 : 영=*to have just*〔+p. p.〕) ¡cuánto siento no haber estado...! (내가 못 가서 참 유감이다!) en camino de(…하는 도중에)

※ 문법 (Gramática)

1. acabar de의 용법

Acaban de volver. 그들은 방금 돌아왔다.

Acabábamos de verlos. 우리는 방금 그들을 보았었다.

acabar de의 구문에서 acabar의 현재 및 불완료 과거 시제는 〈방금…하다〉(*to have just*+과거분사)에 해당한다.

2. 감탄문

¡Qué! (참으로…하다! 얼마나!)

¡Qué noche tan(más) agradable! 얼마나 유쾌한 밤인가!

¡Qué gran sorpresa tuvimos! 우리는 굉장한 놀라움을 가졌다!

¡Qué flores más hermosas! 얼마나 아름다운 꽃들인가?

¡Qué guapo es! 그는 미남이기도 하지!

단수명사 앞에서 ¡qué!는 영어의 *'what a!'*, 그리고 복수명사 앞에서는 *'what!'*의 뜻이다. 형용사가 명사 뒤에 올 때에는 'tan' 또는 *'más'*가 형용사 앞에 보통 삽입된다. 형용사 또는 부사 앞에서 ¡qué!는 *'how!'*를 의미한다.

¡Cuánto! 얼마나!

¡Cuánto me alegro de verle a Ud.! 당신을 만나니 얼마나 반가운지요!

¡Cuánto siento no poder hacerlo! 그것을 할 수 없어 정말 유감으로 생각합니다.

동사와 함께 쓰여 부사 ¡cuánto!는 *'how!, how much!'*의 뜻이다. 스페인어에서는 의문문과 마찬가지로 감탄문에서도 감탄부호를 앞뒤에 동시에 붙이되 앞의 것은 거꾸로 된 것을 붙인다.

3. 수약형과의 형용사

1) Algún día acabará el trabajo.

어느날 그는 그 일을 끝마칠 것이다.

Ningún hombre puede hacer eso.

어느 남자도 그것을 할 수가 없다.

부정대명사 alguien(누군가), nadie(아무도…하지 않다)와는 대조적으로(이들은 사람만을 지칭함) alguno, ninguno는 이미 의중에 두었거나 또는 언급된 사람 또는 사물을 지칭한다.

alguno와 ninguno는 남성 단수명사 앞에 쓰일 때에는 마지막 -o가 탈락되고 u자 위에 액선트가 붙어 algún과 ningún이 된다. 다른 경우에 있어서 이것들은 규칙적인 어미를 갖는다.

algunos amigos 일부, 어떤 친구들
algunas de las muchachas 소녀들 중의 몇 사람
Ninguno de los hombres llegó.
그 사람들중 아무도 도착하지 않았다.
ninguna fotografía 아무 사진도…하지 않다.

ninguno의 형태는 동사 뒤에 올 때에는, no 또는 어떤 다른 부정사가 동사 앞에 놓여야만 한다.

남성 단수명사 앞에서 마지막 -o가 탈락되는 5개의 다른 단어는 다음과 같다 : uno, primero, tercero, bueno, malo이다.

2) San Luis(성 루이스), San Pablo(성 바오로)
Santo Domingo(성 도미닉), Santo Tomás(성 토마스)
Santa Bárbara(성녀 바바라), Santa Teresa(성녀 테레사)

Santo는 Domingo와 Tomás를 제외한 모든 남자 성인명 앞에서 San형으로 준다. 그러나 Santa는 결코 수약되지 않는다.

3) grande가 모든 단수명사 앞에서 gran이 되며 ciento는 모든 복수명사 앞에서 cien이 된다는 점을 기억할 것이다.

un gran país(하나의 위대한 나라) una gran sorpresa(대단한 놀라움)
cien hombres (100명의 남자) cien casa(100채의 집들).

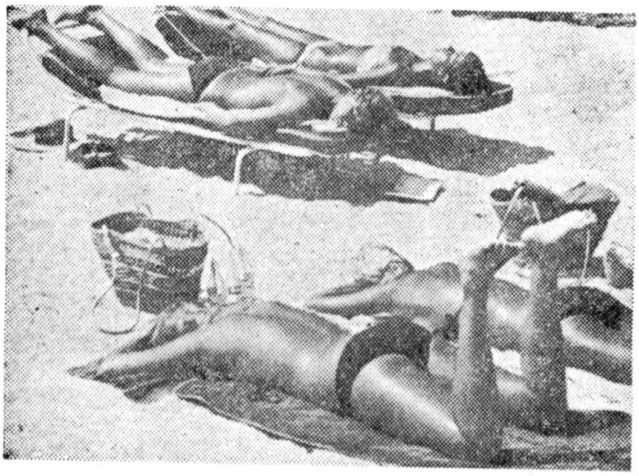

안달루시아의 코스타 데 솔(태양의 해안)은 아침부터 젊은 여성들이 모래사장에 모인다.

※ 질문 (**Preguntas**)

다음 물음에 스페인어로 대답하시오.

1) ¿A quién ve Cristina?
2) ¿Qué acaba de hacer?
3) ¿Dónde está la mamá de Magdalena?
4) ¿Qué tuvo que hacer Magdalena?
5) Después, ¿a dónde fue?
6) ¿Qué compró?
7) ¿Cómo estaba?
8) ¿Fue Clara con ella a casa de Juanita?
9) ¿Qué sorpresa tuvieron?
10) ¿Cuándo se casaron Marta y Humberto?
11) ¿Dónde pasaron la luna de miel?
12) ¿Qué tenía Humberto?
13) ¿Cómo eran las fotografías?
14) ¿Qué le parece Humberto a Magdalena?
15) ¿Todavía están allí Humberto y Marta?
16) ¿Qué cantó María?
17) ¿Canta bien?
18) Por fin, ¿qué va a hacer Magdalena?

LECCION CUARENTA Y UNA

Una carta

8 de agosto de 1984

Querida Eugenia:

Espero que recibas ésta antes de que salgas para tu casa, pues quiero que sepas que ha habido que posponer la fecha del viaje el 27 de este mes. A duras penas he conseguido pasaje.

Marta y Dolores no van con nosotras porque su madre teme que se mareen en el barco y a última hora han concelado el pasaje. Van en tren; ya han sacado los billetes de ida y vuelta hasta Miami. No han podido conseguir un reservado, pero van en expreso, y dicen que dos días se pasan pronto.

Aunque dudo que el viaje sea tan bueno como creen, no lo pasarán mal; no creo que tengan mucho tiempo para aburrirse. En la estación tomarán un taxi para ir al aeropuerto y allí, el avión para Puerto Rico. De modo que llegarán a San Juan mientras estemos tú y yo en el barco. Estaremos todo el día sobre cubierta, al aire libre, y tendremos donde hacer un poco de ejercicio y estirar las piernas. Siento que no te guste el mar tanto como a mí, pero no creo que ellas en el tren descansen como nosotras en el barco.

He pedido que nos den un buen camarote en que no dé el sol por la mañana para que no nos despierten demasiado temprano la luz y el calor. Te dejaré la litera de abajo si lo prefieres pues a mí me da igual.

Creo que el viaje será muy económico. A bordo hay pocos gastos, salvo propinas. No sé cuánto tiempo nos llevará la aduana pero Marta y Dolores han quedado en ir a recibirnos y al salir de allí dejaremos el equipaje en el hotel y nos iremos de paseo. Espero que haga buen tiempo y que nos divirtamos. Me dice mi madre que te mande recuerdos y que vengas pronto a pasar unos días con ella; celebraremos su cumpleaños; cumple cincuenta y dos años.

Cuando sepas qué día llegas y a qué hora, mándame un telegrama para ir a recibirte a la estación. Es posible que mi padre me preste el auto. Un abrazo,

Adriana.

※ 어휘 (**Vocabularios**)

1. 명사 : Adriana(여자 이름) la aduana(세관) el barco(배, 선박) el billete(티켓, 표) el camarote(선실) la cubierta(갑판) el ejercicio(운동 : 연습문제) el equipaje(짐, 여장) el expreso(급행열차 : 속달 우편) el gasto(비용, 경비) la ida(가기, 가는 일) la litera(〔선실 등의〕 침대) el modo(방법, 방식) el pasaje(여비)

la pena (고통, 고생) la propina (팁, 심부름 값) el telegrama (전보 : 남성 명사인 점에 유의할 것)

2. 형용사 : duro, -a (딱딱한, 단단한, 힘든) último, -a (마지막의, 최후의)

3. 동사 : aburrirse (따분해하다, 싫증이 나다) cancelar (취소하다) conseguir (얻다, 구입하다, 달성하다 : seguir처럼 변함. 직설법 현재 1인칭단수 : consigo) cumplir (완수, 수행하다) dudar (의심하다) divertirse (즐기다 : 어간변화동사임. 직설법 현재 1인칭단수 me divierto, 부정과거 3인칭단수 se divirtió 등) estirar (뻗다, 잡아늘이다) marearse (멀미하다) posponer (연기하다) preferir (ie) ([a 와 함께, …보다] 좋아하다, 오히려…을 택하다) temer (두려워하다, 걱정하다)

4. 기타 단어 : salvo (…을 제외하고) pues (왜냐 하면)

5. 관용적 표현 : a bordo (배에서, 비행기 안에서) a duras penas (겨우, 가까스로) a última hora (마지막 순간에) cumplir años (나이가…살이 되다) de modo (manera) que (그러므로, 따라서) billete de ida y vuelta (왕복표)

✻ 문법 (Gramática)

1. 규칙 동사의 접속법 시제 (modo subjuntivo)

1) 제 1변화동사 (-ar)의 접속법 현재 변화는 다음과 같다.

tomar (취하다, 영 = *to take*)

tome, tomes, tome, tomemos, toméis, tomen 으로서 이들 변화의 어미를 정리해 보면 -e, -es, -e, -emos, -éis, -en이다.

다시 말하면 이는 1인칭단수를 제외하고는 직설법 현재 제 2변화동사의 어미와 같다.

2) 제 2변화 동사 (-er) 및 제 3변화 동사 (-ir)의 접속법 현재 :

comer (먹다, 영 = *to eat*)

coma, comas, coma, comamos, comáis, coman

escribir (쓰다, 영 = *to write*)

escriba, escribas, escriba, escribamos, escribáis, escriban

이상과 같으며, 이들의 어미만을 정리해 보면 제 2변화와 제 3변화 동사는 공히 -a, -as, -a, -amos, -áis, -an으로서 이는 1인칭단수를 제외하고는 제 1변화 동사의 직설법 현재 변화와 같음을 알 수 있다.

2. 불규칙 동사의 접속법 현재 시제

1) caber(들어가다, 영=*to fit*)

quepa, quepas, quepa, quepamos, quepáis, quepan

caer(떨어지다, 넘어지다, 영=*to fall*)

caiga, caigas, caiga, caigamos, caigáis, caigan

decir(말하다, 영=*to say*)

diga, digas, diga, digamos, digáis, digan

hacer(…하다, 만들다, 영=*to do, do make*)

haga, hagas, haga, hagamos, hagáis, hagan

oír(듣다, 영=*to hear*)

oiga, oigas, oiga, oigamos, oigáis, oigan

poder(…할 수 있다, 영=*to be able to*)

pueda, puedas, pueda, podamos, podáis, puedan

poner(놓다, 두다, 영=*to put*)

ponga, pongas, ponga, pongamos, pongáis, pongan

querer(원하다, 영=*to want*)

quiera, quieras, quiera, queramos, queráis, quieran

salir(나가다, 떠나다, 영=*to go out, to leave*)

salga, salgas, salga, salgamos, salgáis, salgan

tener(가지다, 영=*to have*)

tenga, tengas, tenga, tengamos, tengáis, tengan

traer(가져오다, 영=*to bring*)

traiga, traigas, traiga, traigamos, traigáis, traigan

valer(가치가 있다, 영=*to be worth*)

valga, valgas, valga, valgamos, valgáis, valgan

venir(오다, 영=*to come*)

venga, vengas, venga, vengamos, vengáis, vengan

ver(보다, 영=*to see*)

vea, veas, vea, veamos, veáis, vean

이상의 동사들은 1인칭단수를 알면 대개 나머지 접속법 현재 변화를 쉽게 알 수 있는 것들이다.

2) 기타 불규칙 변화

dar(주다, 영=*to give*)

dé, des, dé, demos, deis, den

estar (있다, 영 = *to be*)

esté, estés, esté, estemos, estéis, estén

haber (영 = *to have*)

haya, hayas, haya, hayamos, hayáis, hayan

ir (가다, 영 = *to go*)

vaya, vayas, vaya, vayamos, vayáis, vayan

saber (알다, 영 = *to know*)

sepa, sepas, sepa, sepamos, sepáis, sepan

ser (이다, 영 = *to be*)

sea, seas, sea, seamos, seáis, sean

위의 동사는 그 변화가 매우 불규칙적이므로 특별히 암기해 둘 필요가 있다.

3. 어간 변화 동사의 접속법 현재 시제

pensar (생각하다, 영 = *to think*)

piense, pienses, piense, pensemos, penséis, piensen

1인칭 및 2인칭복수는 규칙적이며, 나머지 경우는 어간모음 e가 ie로 변한다.

perder (잃다, 영 = *to lose*)

pierda, pierdas, pierda, perdamos, perdáis, pierdan

위와 마찬가지이며, pensar가 제 1변화 동사인 데 반해 perder는 제 2변화 동사란 점이 다르다.

contar (세다, 영 = *to count*)

cuente, cuentes, cuente, contemos, contéis, cuenten

mover (움직이다, 영 = *to move*)

mueva, muevas, mueva, movamos, mováis, muevan

위의 2개 동사에서 전자는 제 1변화, 후자는 제 2변화 동사란 점은 다르나 둘 다, 1인칭 및 2인칭복수만 규칙적으로 변하고 나머지는 어간모음 o가 ue로 변하는 경우이다.

sentir (느끼다, 영 = *to feel*)

sienta, sientas, sienta, sintamos, sintáis, sientan

morir (죽다, 영 = *to die*)

muera, mueras, muera, muramos, muráis, mueran

위의 경우, 어간모음 e가 ie로, o가 ue로 변한다. 다만 1인칭 및 2인칭복수에서는 어간이 각각 i와 u로 바뀌었다.

pedir(요청하다, 영=*to ask for*)

pida, pidas, pida, pidamos, pidáis, pidan

제 3변화 동사 pedir는 접속법 현재에서 어간모음 e가 모두 i로 변한다.

4. 접속법 현재의 용법

스페인어에서 접속법(subjuntivo) 시제는 가령 주절과 종속절, 다시 말해서 2개의 문장이 연결되어 있을 경우 각 동사의 해당 주어가 서로 상이할 경우 종속절에서 접속법 시제를 쓴다.

Espero estudiar el español. (나는 스페인어를 공부하기를 희망한다.)의 문장을 예로 든다면 동사 esperar와 estudiar의 주어는 'yo'(나)로서 동일인이다. 그러나 Espero que Ud. estudie el español. (나는 당신이 스페인어를 공부하기를 희망합니다.)이란 문장에서 보면 esperar의 주어는 yo인 데 반해, estudiar의 주어, 바꾸어 말해 종속절의 주어는 Ud.로서 각각 주어가 다르다. 이런 경우 종속절의 동사는 접속법 시제가 된다. (estudie가 그러함)

1) 명령을 나타낸다.

Me manda que hable español.

그는 나에게 스페인어를 말하라고 명령한다.

여기서 영어의 *that*에 해당하는 que는 생략되지 않는다는 점을 유의해야 한다.

2) 요구, 간청, 의뢰를 나타낸다.

Les exigiré que lo aclaren detalladamente.

나는 그들이 그것을 상세히 해명토록 요구하겠다.

Nos ruegan que volvamos pronto.

그들은 우리가 곧 돌아오기를 간청하고 있다.

Le encargaré que escriba esta carta.

나는 그가 이 편지를 쓰도록 의뢰하겠다.

3) 제안, 권고를 나타낸다.

Propongo que él acepte la invitación.

나는 그가 그 초청을 수락토록 제안한다.

El médico le aconseja a Ud. que beba leche.

의사는 당신이 우유를 마시라고 권고한다.

4) 희망이나 원망을 나타낸다.

Espero que Uds. vengan aquí mañana.

나는 당신들이 내일 여기 오기를 바랍니다.

5) 허가, 방임 등을 나타낸다.

Permito que te vayas. 나는 네가 가는 것을 허락한다.

6) 금지, 반대를 나타낸다.

Prohibo que (tú) fumes. 나는 네가 담배 피우는 것을 금한다.

Me opondré a que cantes.

나는 네가 노래부르는 것을 반대하겠다.

7) 의심, 불확실성 등을 나타낸다.

Dudo que eso sea verdad. 나는 그것이 사실일지 의문스럽다.

Sospechamos que ellos vuelvan a tiempo.

우리는 그들이 제시간에 돌아올지 의심스럽다.

8) 의문문, 부정문에서의 접속법

¿creer?, no creer, negar 등이 주동사일 경우

¿Cree usted que Juan sea inteligente?

당신은 후안이 영리하다고 생각하십니까? (의문을 품고 하는 말임)

No creo que Juan sea inteligente.

나는 후안이 영리하다고는 생각지 않는다.

Niego que él tenga mucho dinero.

나는 그가 많은 돈을 갖고 있다는 것을 부정한다.

9) 감정, 위구심 동사 다음의 접속법

alegrarse (…해서 반갑다), sentir (…을 유감으로 생각하다), temer (…을 두려워하다)

Me alegro de que tú hayas conseguido tus deseos.

나는 네가 너의 소망을 달성해서 기쁘다.

Siento que Ud. no esté contento.

당신이 불만족하시는 것을 나는 유감으로 생각합니다.

Temo que me hayan visto. 그들이 나를 보았을까 봐 두렵다.

10) 필요성, 가능성 등을 나타내는 다음 구문 뒤에 접속법이 쓰인다.

Es necesario que compres un par de zapatos mañana.

너는 내일 구두 한 켤레를 살 필요가 있다.

Es preciso que estudien mucho más.

그들은 더욱더 열심히 공부할 필요가 있다.

Es probable que nieve. (nevar : 눈이 오다.) 눈이 올 것 같다.

Es posible que ella tenga cien dólares.

그 여자가 100弗을 갖고 있음직하다.

11) 목적을 나타내는 다음 접속사구 다음에 접속법이 쓰인다.

a que, para que, a fin de que(…하게끔, …할 수 있도록)

Le darán permiso para que salga esta noche para Santiago.

그가 오늘밤 산티아고로 떠날 수 있도록 그에게 허가할 것이다.

A fin de que no encuentre dificultades, le hemos expedido un pasaporte.

그가 어려움이 없도록 우리는 그에게 여권을 발급해 주었다.

12) 시간을 나타내는 다음 접속사구 다음에 접속법이 쓰인다.

antes(de) que(…하기 전에) cuando(…할 때에), después(de) que (…한 후에), hasta que(…할 때까지), para cuando(…할 무렵에), siempre que(…할 때는 언제나), en cuanto, así que, luego que, tan pronto como(모두 〈…하자마자〉의 뜻임)

Antes(de) que te cases, mira lo que haces.

네가 결혼을 하기 전에, 네 자신이 하는 것을 살펴보아라.

Cuando llegue el tren, les saludaremos.

기차가 도착할 때에, 우리는 그들에게 인사를 하겠다.

Después(de) que coman, saldremos.

그들이 식사를 한 뒤에, 우리는 나가겠다.

Esperaré aquí hasta que Uds. vuelvan.

당신들이 돌아오실 때까지 나는 여기서 기다리겠오.

Siempre que Ud. necesite dinero, venga a verme.

당신이 돈이 필요할 때는 언제든지 나를 만나러 오십시오.

En cuanto la veas a ella, da este libro.

네가 그 여자를 보는 즉시 이 책을 주어라.

13) 양보를 나타내는 경우에 접속법이 사용된다.

aunque, si bien, bien que(비록…할지라도)

Aunque haga mal tiempo, saldré.

비록 날씨가 나쁘더라도, 나는 떠나겠다.

a pesar de que(…함에도 불구하고)

A pesar de que al principio tenga muchos obstáculos que

vencer, no tardará en cobrar fama. 그가 처음에는 극복해야 할 곤란이 많더라도, 그는 멀지 않아 명성을 얻게 될 것이다.

por+mucho(más)+명사+que(아무리…하더라도)

Por más dinero que gane, nunca se hará rico. 제아무리 돈을 많이 번다 할지라도, 그는 결코 부자가 되지 못할 것이다.

como si(=cual si) (마치…인 것처럼 : 영=*as if*) 다음에는 반드시 접속법 과거를 써야만 한다.

Te trata como si fueras(또는 fueses) hijo suyo.

그는 너를 마치 자기 아들처럼 취급한다.

14) 접속법(구)를 사용하는 조건문에서 접속법을 쓴다.

con tal que, a condición(de) que(…한다는 조건으로) 등

Con tal que no me estorbes, me contento.

네가 나를 방해하지만 않는다면, 나는 만족한다.

dado que(…라는 것을 전제로 하여)

Dado que ataquen, nos defenderemos.

그들이 공격해 오는 경우에 우리는 방어하리라.

en caso(de) que(…할 경우에는)

En caso de que venga el alcalde, ¿qué le diremos?

시장이 올 경우에는 우리는 그에게 무슨 이야기를 할까요?

a menos que, a no ser que(…하지 않는 한)

No saldré a menos que Ud. me acompañe.

나는 당신이 나를 동반하지 않는 한 외출하지 않겠읍니다.

15) 독립 원망문에서 쓰이는 접속법

① 실현가능성이 있는 현재와 미래의 원망(바람)

Que no entre nadie. 아무도 들어오지 말기를. (바란다)

¡Ojalá que venga pronto! 그가 제발 어서 왔으면!

¡Ojalá que semejante desgracia no le suceda a Ud. nunca!

그와 같은 비슷한 불행이 당신에게 제발 닥쳐 오지 않기를!

② 실현가능성이 희박한 원망 :

¡Ojalá me tocase la lotería! 나에게 복권이 당첨되기를!

(이 경우 접속법 과거를 썼음)

③ 독립 의문문에서

acaso, quizá(s), tal vez(아마도, 어쩌면) 등 다음에 접속법이 쓰인다.

Quizá (s) sea verdad lo que él dice.

그가 말하는 것이 사실일지도 모른다.

※ 질문 (Preguntas)

다음 물음에 스페인어로 대답하시오.

1) ¿Cuándo salen de viaje Adriana y Eugenia?
2) ¿Por qué no van en barco?
3) ¿Qué billetes han sacado?
4) ¿Cómo van de la estación al aeropuerto?
5) ¿Dónde se descansa más, en el tren o en el barco?
6) ¿Cuáles son los camarotes más frescos?
7) ¿Qué gastos hay en el barco?
8) ¿Qué se hace en la aduana?
9) ¿Por qué no se aburre uno (una) en un barco? ¿Qué diversiones hay a bordo?
10) ¿Qué ventajas e inconvenientes tiene el viaje en avión?

멕시코의 「달의 피라밋」에서 바라본 「태양의 피라밋」

CONVERSACIONES I

En un restaurante

(Son casi las dos de la tarde. Armando y Rodrigo pasan por una calle de Madrid, busando un restaurante. Al poco rato se encuentran frente de uno bien conocido.)

Armando : Vamos a entrar en este restaurante.

Rodrigo : Está bien. Sé que se come bien aquí① porque un español amigo② mío me trajo aquí hace más o menos una semana.

A. : En aquel rincón veo una mesa desocupada. Vamos a sentarnos allí.

(Se sientan a la mesa pero el camarero tarda unos minutos en verlos. Por fin viene a la mesa, trayendo la lista③.)

Camarero : Aquí tienen Uds. la lista.

A. : Gracias. Dénos un momento para escoger④, por favor.

(Entretanto el camarero trae los cubiertos, el pan, la mantequilla⑤ y los vasos.)

C. : ¿Qué van tomar, señores?

R. : Primero voy a tomar sopa. Después, biftec con patatas⑥ fritas y ensalada de lechuga y tomate.

C. : ¿No desea usted tomar huevos después de la sopa, como los españoles? Aquí hacemos tortillas muy buenas. Tortillas de huevos, no tortillas mexicanas de maíz. También tenemos huevos revueltos, pasados por agua, fritos, o...

R. : Hoy no quiero huevos, gracias.

C. : Muy bien. ¿Y usted, señor?

A. : Quiero una tortilla de huevos en vez de sopa. No sé si tomar pescado o carne.

C. : Pues, tenemos muchas clases de pescado, y de carne. El arroz con pollo es un plato español típico muy bueno.

A. : Lo sé, pero voy a tomar pescado, puré de patatas y una ensalada de legumbres.

C. : ¿Qué desean Uds. de postre?

A. : A ver. ¿Qué hay?

C. : Aquí en España generalmente tomamos frutas frescas, flan o queso, pero en este restaurante tenemos también pasteles y helados.

A. : Pues, voy a tomar flan y café con leche y azúcar.

R. : Y para mí, frutas y una taza de café solo.

C. : ¿Les traigo el café ahora?

R. : No, tráiganoslo con el postre, por favor.

(Mientras comen, los dos jóvenes charlan y miran a todas las personas que entran y salen. Al terminar, pagan la cuenta y le dan al camarero una propina.)

A. : Pues, es cierto que se come bien aquí.

R. : ¡Ya lo creo! Si quieres, podemos cenar aquí.

A. : Está bien. Si cenamos a las nueve y media o a las diez, podemos ir al teatro después. ¿Por qué no tomamos arroz con pollo esta noche?

R. : Es una buena idea. Pues, ¿quieres ir a descansar un rato?

A. : ¡Cómo no! Vamos.

① "se come bien aquí"란 표현은 〈여기서는 사람들이 식사를 잘 한다.〉 다시 말하면 〈여기서는 음식을 잘 한다.〉란 뜻임.
② 여기서 'amigo'는 〈친구〉라는 뜻의 명사가 아니고 〈절친한〉의 형용사로 쓰인다.
③ 〈메뉴〉를 의미하며 el menú 라고 흔히 쓰인다.
④ escoger 대신에 elegir(고르다, 선택하다)를 써도 좋다.
⑤ 〈버터〉를 말하며 아르헨티나에서는 'manteca'라고 한다.
⑥ 감자를 남미에서는 'papa'라고 한다.

※ 어휘 (**Vocabularios**)

1. 명사 : Armando(남자 이름) el arroz(쌀, 밥) el biftec(비이프스테이크) el cubierto(포오크, 나이프 등 식기 세트) la ensalada(샐러드) el flan(난황 유과) las frutas(과일) el helado(아이스크림)

el huevo (계란) la lechuga (상치) la lista (명단 : 메뉴) el maíz (옥수수) la patata (감자) el pescado (생선) el pollo (닭고기) el postre (후식) la propina (팁) el puré de patatas (영 = *mashed potatoes*) el queso (치이즈) el rincón (구석) la sopa (수우프) el tomate (토마도) la tortilla (옴렛) Rodrigo (남자 이름)

2. **형용사** : frito, -a (튀긴) revuelto (scrambled egg)

3. **부사** : entretanto (…하는 동안)

4. **동사** : escoger (고르다, 선택하다)

이 동사는 직설법 현재 변화중 1인칭단수에서 발음관계상 철자 변화를 한다. 즉 escogo 가 아니라 escojo 가 되며, 명령형에서도 escoja(n) Ud(s). (고르십시오.) 가 된다. 나머지는 모두 규칙변화이다.

5. **관용적 표현** : a ver (어디 봅시다) de postre (후식으로) huevos pasados por agua (삶은 계란) ¿les traigo el café? (코오피를 갖다 드릴까요?) uno bien conocido (유명한 한 군데 : 이 때 uno 는 부정대명사로 쓰인 것임) vamos a entrar (들어갑시다) vamos a sentarnos (앉읍시다)

이와 같이 vamos a+inf. 는 〈…합시다〉란 뜻을 갖는다.

스페인 내란의 희생자 위령탑

※ 질문 (Preguntas)

다음 물음에 스페인어로 대답하시오.

1) ¿Qué hora es?
2) ¿Por dónde pasan Armando y Rodrigo?
3) Al poco rato, ¿dónde se encuentran?
4) ¿Por qué sabe Rodrigo que se come bien allí?
5) ¿Dónde ven una mesa desocupada?
6) ¿Viene en seguida el camarero?
7) Por fin, ¿qué les trae?
8) Mientras escogen, ¿qué trae?
9) ¿Qué va a tomar Rodrigo?
10) ¿También toma huevos?
11) ¿De qué son las tortillas españolas?
12) ¿De qué son las tortillas mexicanas?
13) ¿Qué clase de huevos tienen en el restauante?
14) ¿Qué toma Armando?
15) ¿Qué toman de postre en España?
16) ¿Qué va a tomar Armando?
17) ¿Y Rodrigo?
18) ¿Cuándo van a tomar el café?
19) Al terminar, ¿qué le dan al camarero?
20) ¿Van a cenar allí?
21) ¿Qué van a tomar?
22) Después de cenar, ¿a dónde pueden ir?

CONVERSACIONES Ⅱ

En un restaurante mexicano

(Carlos y Jorge están en México, viajando en automóvil. Paran en un motel, o campo de turismo, para pasar la noche. Después de descansar un rato, van a un restaurante a cenar. Entran y se sientan a una mesa. Al poco rato llega el mesero y les pregunta qué desean.)

Carlos : Nos gustaría una comida mexicana. Como no sabemos nada de los platillos mexicanos, ¿puede decirnos lo que debemos tomar?

Mesero : Con mucho gusto. Tenemos muchas cosas que ofrecerles. Primero deben tomar huevos rancheros. Son huevos fritos con salsa de chile. A muchas personas les gustan con tortillas.

Jorge : ¿Qué es una tortilla?

M. : Es una torta delgada de maíz. Después, pueden Uds. tomar tacos de pollo o mole de guajolote. Los tacos son tortillas tostadas con pollo o carne y salsa de chile. El mole es una salsa que se hace de chiles, cacahuates, chocolate y muchas otras especias. Generalmente se sirve con guajolote, y es uno de los platillos más famosos de México.

C. : He oído hablar del guacamole. ¿Qué es?

M. : Es una ensalada muy buena y es una especialidad de este restaurante. Se hace de aguacate, cebolla, jitomate y chile, al gusto.

C. : Bueno, tráigame huevos rancheros con tortillas, tacos con pollo y guacamole.

J. : Y para mí, huevos rancheros con tortillas, tacos con pollo y mole de guajolote.

M. : Muy bien. ¿No desean frijoles? Muchos mexicanos toman frijoles refritos con todas las comidas.

C. : Bueno. Tráiganos frijolees también.

M. : ¿Desean Uds. una cerveza?

J. : No, gracias. Agua con hielo, por favor. Después, café solo con algún postre.

※ 어휘 (**Vocabularios**)

1. 명사 : el aguacate(〔식〕 로렐 배) el automóvil(자동차) el cacahuate(땅콩) la cebolla(양파) la cerveza(맥주) el chile(고추) la especia(양념, 향료) la especialidad(전문) el frijol(강낭콩) el guacamole(로렐 배〔aguacate〕가 든 사라다) el guajolote(칠면조〔멕시코에서 이렇게 부름, 보통은 pavo라고 한다〕) el hielo(얼음) el jitomate(토마토〔멕시코 용어〕) el mesero(웨이터〔멕시코 용어〕) el mole(멕시코 고기 요리의 한 가지) el motel(모텔) el platillo(요

리) la salsa(소오스, 간장, 양념) el taco(멕시코 음식 이름) la torta(〔둥근 모양의〕 케익, 파이) la tortilla(옥수수 부침, 오믈렛)

2. **형용사** : delgado, -a(얇은) famoso, -a(유명한) refrito, -a(다시 튀긴)

3. **동사** : ofrecer(제공하다〔이 동사는 conocer처럼 변화한다 : 1인칭단수는 ofrezco임〕) parar(멈추다) Se sirve(서브된다, 원형은 servir로서 어간모음 e가 i로 변함)

4. **관용적 표현** : al gusto(기호, 구미에 맞추어) campo de turismo(모텔, 관광 캠프) en automóvil(자동차로) huevos rancheros(계란 요리의 일종) oír hablar de(…에 대해 이야기하는 것을 듣다) tener (muchas cosas) que ofrecer(제공할 것이 〔대단히 많다〕)

※ 질문(**Preguntas**)

다음 물음에 스페인어로 대답하시오.

1) ¿Dónde están Carlos y Jorge?
2) ¿Dónde paran?
3) ¿A dónde van a cenar?
4) ¿Saben mucho de los platillos mexicanos?
5) Según el mesero, ¿qué deben tomar primero?
6) ¿Qué son huevos rancheros?
7) ¿Con qué les gustan a muchas personas?
8) ¿Qué es una tortilla?
9) ¿Qué son los tacos?
10) ¿De qué se hace el mole?
11) ¿Con qué se sirve?
12) ¿Qué es el guacamole?
13) ¿De qué se hace?
14) ¿Qué decide tomar Carlos?
15) ¿Qué va a tomar Jorge?
16) ¿Qué toman muchos mexicanos con todas las comidas?
17) ¿Toman frijoles Carlos y Jorge?
18) ¿Desean una cerveza?
19) ¿Qué toman con la cena?
20) ¿Qué van a tomar con el postre?

CONVERSACIONES III

Un día en casa

Berta : ¡Qué bueno que te veo, Carolina! Te buscaba para invitarte a cenar conmigo mañana por la noche.

Carolina : Gracias, Berta, pero no puedo. Tengo que ayudar a mi mamá.

B. : ¿Qué tienes que hacer?

C. : Primero, tengo que cambiar las sábanas y las fundas de almohada de todas las camas; hacer las camas, y poner las cobijas y las colchas. Luego tengo que limpiar los cuartos de baño, y poner jabón y toallas para todos. Entretanto mamá limpiará las alfombras y quitará el polvo a los muebles.

B. : Pero no se necesita todo el día para eso, ¿verdad? Quería enseñarte los muebles que me compraron mis padres.

C. : Siento no poder ir. Después de limpiar completamente toda la casa, tenemos que preparar una buena comida. Mi hermano va a traer a su novia a casa a cenar.

B. : ¿Qué van a servir?

C. : Pollo frito, puré de papas, judías verdes, ensalada de frutas, panecillos calientes con jalea, y, de postre, pastel de manzana con café solo.

B. : Será una comida típicamente norteamericana, ¿verdad?

C. : ¡Cómo no! Pues, decías que querías enseñarme tus muebles nuevos. ¿Qué muebles tienes?

B. : Una cama, un tocador, un armario, una mesita, un estante para libros y dos sillas. También otra mesita para mi máquina de escribir.

C. : ¡Qué suerte tienes! Debe de ser muy cómodo tu cuarto y tengo muchas ganas de verlo. ¿Vas a estar en casa el domingo por la tarde?

B. : Creo que sí, pero estoy segura. No lo sabré hasta mañana. ¿Puedo llamarte al mediodía?

C. : ¡Cómo no!

B. : Pues, ya tengo que irme. Adiós.

C. : Adiós. Hasta mañana.

※ 어휘 (Vocabularios)

1. 명사 : la alfombra (양탄자) el armario (양복장) Berta (여자 이름) la cobija (담요) la colcha (침대 시이트) el estante (책장 : para libros) la funda de almohada (베갯잇) el jabón (비누) la jalea (젤리) las judías verdes (푸른 강남콩) la manzana (사과) la máquina de escribir (타자기) la mesita (소형 탁자) el mueble (가구) la novia (애인〔여〕) el panecillo (프랑스 빵) la papa (감자 : 중남미에서 쓰이는 말) el polvo (먼지) la sábana (시이트 : sabana 는 〈평야, 초원〉이란 뜻임) la toalla (수건) el tocador (화장대)

2. 부사 : completamente (완전히) típicamente (고유하게, 전통적으로)

3. 동사 : quitar (없애다)

4. 관용적 표현 :

debe de ser	틀림없이 그럴 것이다.
hacer la cama	침대를 정리하다.
pastel de manzana	애플파이
¡qué bueno que te veo!	너를 만나니 참 반갑구나!
quitar el polvo a	…로부터 먼지를 털다.
siento no poder ir	내가 갈 수가 없어 미안합니다.
tener suerte	운이 좋다.

아르헨티나의 수도 부에노스 아이레스의 중심가

※ 질문(**Preguntas**)

다음 물음에 스페인어로 대답하시오.

A. 1) ¿Con quién se encuentra Berta?
2) ¿Por qué se alegra de verla?
3) ¿Podrá cenar con Berta?
4) ¿Qué tiene que hacer?
5) ¿Qué hará en las alcobas?
6) ¿Qué pondrá en los cuartos de baño?
7) ¿Quién limpiará las alfombras?
8) ¿Qué otra cosa hará su mamá?
9) Después, ¿qué tienen que hacer Carolina y su mamá?
10) ¿Qué van a servir?
11) ¿Qué muebles nuevos tiene Berta?
12) ¿Para qué es una de las mesitas?
13) ¿Cuándo podrá ir Carolina a casa de Berta?
14) ¿Estará en casa?

B. 1) ¿Quién prepara las comidas en casa de usted?
2) ¿La ayuda a Ud. a prepararlas?
3) ¿Le gusta a Ud. poner la mesa?
4) ¿Lleva usted los platos a la cocina?
5) ¿Lava Ud. los platos?
6) ¿Qué plato le gusta a Ud. más?
7) ¿Sabe Ud. preparar muchos platos?
8) ¿Le gustan a Ud. más las ensaladas o los postres?
9) ¿Qué toma Ud. de postre?
10) ¿Toma Ud. el café solo?
11) ¿Cuántas tazas toma usted?
12) Después de comer, ¿sequedan Uds. a la mesa para hablar un rato?
13) ¿Tiene Ud. que limpiar su cuarto todos los días?
14) ¿Hace Ud. la cama?
15) ¿Qué muebles tiene Ud. en su cuarto?
16) ¿Tiene Ud. máquina de escribir?

※ 보충 어휘

다음 단어들은 문장 본문에 나오지 않은 것들을 참고로 소개하며, 일상용어이므로 회화에 도움이 될 것으로 믿는다.

채소류 : el apio(〔식〕 셀러리) la batata(고구마) el bitabel(사탕무우〔멕시코 용어〕=remolacha) el camote(고구마〔멕시코 용어〕 la col(양배추) la coliflor(꽃배추) los chícharos(완두=guisante) los espárragos(아스파라거스) la espinaca(시금치) los guisantes(완두) las habas(잠두, 누에콩) el nabo(무우) el pimiento(후추) el rábano(배추) la remolacha(사탕무우) la zanahoria(당근)

육류 : la carne de vaca(de res)(쇠고기) el carnero(양고기) el cerdo(asado)(〔구운〕 돼지고기) el cordero(양고기) la chuleta(카트레트) los fiambres(찬 음식) el filete(등심살) el jamón(햄) el pato(오리) el pavo(칠면조〔스페인〕) el puerco(asado)(〔구운〕 돼지고기) la salchicha(소시지) la ternera(송아지 고기) el tocino(베이콘)

과일류 : el albaricoque(살구) la banana(바나나) la cereza(체리) la ciruela(매실) el dátil(대추 야자) el durazno(복숭아〔멕시코 및 남미〕) la frambuesa(나무딸기) la fresa(딸기 : 〔아르헨티나에서는 frutilla라고 함〕) el higo(무화과) el jugo(〔오렌지〕주우스 : de naranja) la lima(사탕구연 열매) la mandarina(귤) el mango(망고) el melocotón(복숭아) el melón(참외) la naranja(오렌지) el limón(레몬) la pera(배) la piña(파인애플 : 〔아르헨티나에서는 el ananá라고 부름〕) el plátano(바나나의 일종) la sandía(수박) la toronja(사본의 열매 : 〔아르헨티나에서는 el pomelo라고 함〕) la uva(포도)

기타 : el aceite(〔올리브〕유 : de oliva) la aceituna(올리브 열매) el ajo(마늘) asar(굽다) bien cocido(바짝 구운 : 영=*well done*) el caldo(국) la cocinera(요리사〔여〕) el cocinero(요리사〔남〕) el consomé(콘소메) los encurtidos(식초에 버무린〔과일·야채 등〕) la galleta(마른 과자, 비스킷) la galleta de soda(크래커) la mermelada(잼〔과일을 갈아 설탕에 버무려 삶은 것〕) la nuez(호도 : 복수는 nueces) el vinagre(식초) el vino(포도주)

CONVERSACIONES IV

¿Vas a ver al dentista?

Ana : María, ¿qué tienes?①

María : Me duele una muela y voy a ver al dentista.

A. : ¡Qué lástima! Lo siento mucho.

M. : Gracias. Pero, ¿a dónde vas tú?

A. : Primero, voy a comprar un lápiz de labios, y después tengo que lavarme el pelo②.

M. : Yo pensaba lavar varios pares de medias y unos pañuelos, pero ahora no sé si podré hacerlo. Más tarde voy a ver.

A. : Pues, ¡buena suerte

M. : Gracias. Adiós.

A. : Hasta la vista.

Las partes del cuerpo

José : Dígame, Marcelino, ¿cuáles son las partes principales del cuerpo?

Marcelino : Son la cabeza, los brazos, las manos, el tronco, las piernas y los pies.

J. : ¿Cuáles son las partes de la cabeza?

M. : La cara, la nariz, la boca, las mejillas, la barba, las orejas, los ojos y el pelo. El cuello une la cabeza al tronco.

J. : Está bien. Ahora, ¿qué tenemos en la boca?

M. : Tenemos los dientes y la lengua.

J. : ¿Cuántos dedos tiene usted?

M. : Tengo veinte.

J. : ¡Veinte! ¿Cómo es eso?

M. : Pues, tengo cinco dedos en cada mano y cinco dedos en cada pie.

J. : Tiene Ud. razón. ¿Con qué oímos?

M. : Oímos con las orejas.

J. : No, se equivoca Ud. Oímos con los oídos, no con las orejas.

① 〈너는 무엇을 갖고 있니?〉란 뜻도 될 수 있겠으나, 여기서는 〈너는 무슨 문제가 있느냐? (어디가 불편한가?)〉의 뜻이다.
② 〈두발, 머리털〉을 의미하며 el cabello 라고도 한다.

※ 어휘 (**Vocabularios**)

1. 명사 : la barba(턱수염) la boca(입) el brazo(팔) el cuello(목) el cuerpo(몸, 신체) el dedo del pie(발가락) el dentista(치과의사) el labio(입술) el lápiz(para) labios(립스틱) la lengua(혀 : 언어) la mejilla(뺨) la muela(어금니) la nariz(코) el oído(청각) el ojo(눈) la oreja(귀) el pie(발) la pierna(다리) el tronco(몸통)

2. 형용사 : principal(주요한)

3. 동사 : equivocarse(옳지 않다, 잘못하다) unir(잇다, 연결하다)

4. 관용적 표현 : me duele una muela (나는 어금니가 아프다)

※ 질문 (Preguntas)

다음 물음에 스페인어로 대답하시오.

A. 1) ¿Cuáles son las partes principales del cuerpo?
2) ¿Cuáles son las partes de la cabeza?
3) ¿Qué tenemos en la boca?
4) ¿Qué usan las muchachas en los labios?
5) ¿Cuántos dedos tiene Ud.?
6) ¿Cuántos dedos tiene Ud. en cada pie?
7) ¿Qué llevamos en los pies?
8) ¿Qué llevamos en la cabeza?
9) ¿Qué nos ponemos en las manos?
10) ¿Con qué vemos?
11) ¿Con qué oímos?
12) ¿Le duele a Ud. la cabeza?
13) ¿Le duele a Ud. una muela?
14) ¿A quién vamos a ver cuando nos duele una muela?
15) ¿Cuántos brazos tiene Ud.?

B. 1) ¿Tiene Ud. el pelo largo o corto?
2) ¿Tiene Ud. el pelo rubio o moreno?
3) ¿Tiene Ud. los brazos largos o cortos?
4) ¿Tiene Ud. las piernas largas o cortas?
5) ¿Tiene Ud. los ojos azules?
6) ¿Tiene Ud. la nariz pequeña?
7) ¿Tiene Ud. la boca grande?
8) ¿Tiene Ud. los dientes bonitos?
9) ¿Tiene Ud. los labios rojos?
10) ¿Tiene Ud. las orejas grandes?
11) ¿Tiene Ud. las mejillas rojas?
12) ¿Tiene Ud. los dedos cortos?

스페인어에서는 사람에 대해서 설명할 때에는 대개 정관사와 함께 tener 동사를 사용한다. 예를 든다면 다음과 같다.

Ella tiene el pelo negro. 그 여자는 검은 머리를 갖고 있다.

(즉 그 여자의 머리는 검다는 뜻임.)

Tengo el cuello corto. 나는 짧은 목을 갖고 있다.

(즉 나의 목은 짧다는 뜻임.)

Tienen las manos frías. 그들은 차가운 손을 갖고 있다.

(즉 그들은 손이 시리다라는 의미를 이와 같이 표현한다.)

멕시코의 캘리포니아 반도의 과다르페 협곡

CONVERSACIONES V

Viajando por México

(Los señores Gutiérrez llegan a Monterrey, que está en la Carretera Panamericana, y se paran① en una estación de gasolina②.)

Empleado : Buenos días. ¿En qué puedo servirles? ¿Gasolina? ¿Aceite?

Gutiérrez : Necesitamos gasolina.

E. : ¿Desean llenar el tanque?

G. : Sí, señor. Siempre es bueno tener suficiente. ¿Hay muchas estaciones en la carretera?

E. : Hoy día hay muchas, señor, en todas las ciudades y en casi todos los pueblos... Puse(Eché③) treinta litros de gasolina. ¿Qué tal el aceite? ¿Lo cambiamos?

G. : Lo cambiamos después, pero probablemente necesito un poco. Este coche ya no es nuevo y gasta bastante.

E. : Voy a ver... Sí, necesita Ud. un litro. ¿Qué marca?

G. : Cualquiera. Es igual. También hay que revisar el agua del radiador.

E. : Está lleno. ¿Revisamos el aire de las llantas?

G. : Sí, por favor, y también la llanta de repuesto, a veinte libras.

E. : Ya está hecho. Ahora voy a limpiar el parabrisas porque está muy sucio... Está bien. Todo está listo.

G. : ¿Cuánto es por todo?

E. : Novecientos cincuenta y ocho treinta (= Novecientos cincuenta y ocho pesos, treinta centavos).

G. : Aquí tiene Ud. mil pesos.

E. : Y aquí tiene usted el vuelto, señor.

G. : ¿Está en buen estado la carretera?

E. : Sí, en muy buen estado, pero una cosa, señor; no excedan la velocidad o la policía los coge①.

G. : Muchas gracias; no tenemos prisa. Vamos a pararnos de vez en cuando para sacar fotografías y para ver el paisaje. ¿Qué distancia hay de aquí a la capital?

E. : Unos mil cincuenta kilómetros. Si toman Uds. la Carretera Panamericana, pueden pasar la noche en Valles o en Tamazunchale, para pasar por las montañas mañana por la mañana. En la carretera que va de Saltillo a la capital no hay tantas montañas.

G. : Pues, vamos por Valles. (A su esposa.) Catalina, a ti te toca manejar un rato ahora.

Sra. G. : Muy bien. (Al empleado.) ¿Hay buenos hoteles entre aquí y la capital?

E. : Sí, hay varios. También hay campos de turismo, o moteles.

C. : ¿Estamos listos? Voy a poner en marcha el motor.

G. : Sí, estamos listos. Muchísimas gracias, señor.

E. : De nada. ¡Buen viaje!

① pararse는 〈움직이는 것을 멈추다〉라는 뜻이며, parar는, 예를 들면 〈숙박하다, 머무르다〉라는 뜻임.
② 〈주유소〉를 말하며, 아르헨티나 등 일부 남미에서는 "estación de servicio"라고도 한다. 또한, gasolina 대신에 'nafta'란 말도 쓰인다.
③ 이들 대신에 〈주유하다〉라는 뜻으로 cargar 동사도 쓰인다.
④ 〈잡다〉란 뜻으로서 'agarrar'라는 동사가 쓰이는 경우도 있다.

※ 어휘 (Vocabularios)

1. 명사 : el aceite (윤활유, 엔진 오일) la distancia (거리) Catalina (여자 이름) el empleado (종업원) la estación (de gasolina) (주유소) el estado (상태) la gasolina (휘발유) el kilómetro (킬로미터) la libra (파운드 : 영국의 화폐 단위로서 쓰일 때에는 뒤에 'esterlina'란 말을 붙임) el litro (리터) la llanta (타이어) la marca (상표) el motor (엔진) el parabrisas ([자동차 등의] 바람막이 유리) el peso

(멕시코의 화폐 단위) la policía(경찰) el radiador(라디에이터) el tanque(탱크) la velocidad(속도, 속력) el vuelto(거스름 돈)

2. **형용사 :** lleno, -a(꽉 찬) máximo, -a(최고의) sucio, -a(더러운)

3. 기타 단어 **:** probablemente(아마도, 어쩌면) suficiente(충분한, 충분히)

4. 동사 **:** coger(잡다)

이 동사는 앞서 나온 바 있는 escoger와 마찬가지로 변한다. **직설법** 현재 1인칭단수는 cojo로서 발음 관계상 철자 변화를 한다.

exceder(초과하다) gastar(낭비하다, 소모하다) llenar(채우다) manejar(운전하다) revisar(점검하다)

5. 관용적 표현 **:** a ti te toca(네 차례다) ¡buen viaje!(여행 잘 하십시오! 즐거운 여행이 되시길!) de nada(천만에요) es igual(마찬가지입니다, 상관없읍니다) llanta de repuesto(스페어 타이어) poner en marcha(시동을 걸다) ¿qué distancia hay?(거리가 얼마나 됩니까?) ¿qué tal(el aceite)?([윤활유]는 어떤가요?) tener prisa(급하다)

※ 질문 (**Preguntas**)

다음 물음에 스페인어로 대답하시오.

1) ¿A qué ciudad llegan los señores Gutiérrez?
2) ¿En qué carretera está Monterrey?
3) ¿En dónde se paran?
4) ¿Qué les pregunta el empleado?
5) ¿Hay muchas estaciones de gasolina en la carretera?
6) ¿Necesita gasolina el señor Gutiérrez?
7) ¿Pone mucha el empleado?
8) ¿Pone aceite?
9) Después, ¿qué hace el empleado?
10) ¿Cuántas libras de aire debe poner?
11) ¿Está limpio el parabrisas?
12) ¿Cuánto es por todo?
13) ¿Cuánto dinero le da al empleado?

14) ¿Está en buen estado la carretera?
15) ¿Tienen prisa los señores Gutiérrez?
16) ¿Qué van a hacer de vez en cuando?
17) ¿Qué distancia hay de Monterrey a la capital?
18) ¿Dónde pueden pasar la noche?
19) ¿De dónde va otra carretera a la capital?
20) ¿Hay buenos hoteles en la carretera?
21) ¿También hay moteles?
22) ¿A quién le toca manejar el coche?
23) Cuando están listos, ¿qué hace la señora Gutiérrez?
24) ¿Qué dice el empleado cuando salen?
25) ¿Hay muchos automóviles en Corea?
26) ¿Tiene Ud. automóvil?
27) ¿Sabe Ud. manejar un automóvil?
28) ¿Trata Ud. de manejar bien?
29) ¿Dónde compramos gasolina?
30) ¿Usa mucha gasolina su automóvil?
31) ¿Usa mucho aceite?
32) ¿Cuántas ruedas tiene un automóvil?
33) ¿Qué hay en las ruedas?
34) ¿Qué ponemos en las llantas?
35) ¿Dónde está la quinta rueda?
36) ¿Qué echa en el radiador?
37) ¿Lava Ud. el automóvil todas las semanas?
38) ¿Le gusta a Ud. lavarlo?

CONVERSACIONES VI

¿Dónde hay un buen hotel?

Viajero : Buenas tardes, señor.

Extranjero : Buenas tardes. ¿En qué puedo servirle?

V. : Queremos pasar la noche en esta ciudad. ¿Dónde hay un buen hotel?

E. : Hay tres o cuatro buenos en el centro, a veinte cuadras de aquí.

V. : Pues, ¿hay un buen motel en la carretera?

E. : Sí, hay varios que están en las afueras de la ciudad. También hay otro que no está tan lejos. Allí paran muchos turistas.

V. : ¿Por dónde se va para llegar allá?

E. : Siga usted derecho seis cuadras, luego doble a la derecha. Siga dos cuadras más y lo encontrará, a la izquierda de la carretera.

V. : Muchas gracias. Es Ud. muy amable.

E. : De nada. A sus órdenes.

Buscando un cuartoz

Roberto : ¿Tiene Ud. un cuarto para dos personas?

Empleado : ¿Con baño o sin baño?

R. : ¿Cuánto cuesta un cuarto con baño?

E. : Cuatrocientos pesos, y con comida, seiscientos pesos por persona.

Juan : Queremos ver el cuarto si es posible.

E. : ¡Cómo no! Pasen Uds. por aquí... Este cuarto es grande y tiene dos ventanas que dan a las montañas. Tengo otro más pequeño, pero no tiene baño.

J. : ¿Cómo son las camas?

E. : Son muy cómodas. Y aquí está el cuarto de baño con agua fría y caliente a toda hora.

R. : ¿No te gusta el cuarto, Juan? Parece muy bueno para el precio, ¿verdad?

J. : Sí, a mí también me gusta mucho. Vamos a tomarlo.

R. : Muy bien. Estoy cansado y podemos descansar un rato antes de comer.

E. : Aquí tienen Uds. la llave. La criada traerá jabón y toallas en seguida, y el botones va a traer las maletas. Aquí se come a las ocho.

※ 어휘 (Vocabularios)

1. **명사** : las afueras(교외) el botones(벨보이) la cuadra(〔거리의〕 블록) el viajero(여행자)

2. **형용사** : derecho, -a(오른쪽의) izquierdo, -a(왼쪽의)

2. **부사** : derecho(똑바로, 곧장)

3. **동사** : doblar(돌다, 접다)

4. **관용적 표현** : a la derecha(우측으로, 우측에) a la izquierda(좌측으로, 좌측에) a sus órdenes(〔인사말로서〕 잘 부탁드리겠읍니다) con(sin) baño(욕실이 딸린〔없는〕) dar a(…를 향하다) ¿por dónde se va?(어디로 해서 갑니까?) por persona(1인당) siga(n) Ud(s). (곧장·똑바로 가십시오)

헤네라리페

CONVERSACIONES VII

Cartas Españolas

Sra. Tomás : Victoria, el cartero acaba de dejarte dos cartas. Aquí las tienes.

Victoria : Gracias, mamá. ¿De quiénes son?

T. : Ésta tiene la dirección de la señora de Valdés: Avenida de Delmar, 5638, oeste, San Luis, pero la otra tiene una dirección que no conozco.

(Victoria rompe el sobre, saca la carta y empieza a leerla.)

V. : Ésta es de Josefina Suárez, aquella muchacha que vino a visitar a Rosita Velázquez en el mes de abril.

T. : ¿Qué te dice la señora Valdés?

V. : No sé. Todavía no leo su carta. Ahora voy a leértela.

(Leyendo en voz alta:)

San Luis, 3 de junio de 1984

Querida Victoria:

Acabo de recibir la reciente carta de tu mamá.

Me dice que va a acompañar a tu papá en un largo viaje de negocios por los estados del este. Quiero invitarte a pasar con nosotros esos días. Precisamente entonces espero la visita de mi sobrina, Catalina Martín Palacio, y de mi sobrino, Carlos Padilla y Martín. Con ellos podrás visitar muchos sitios de interés que hay por aquí. No lejos de mi casa hay campos de tenis y de golf; también hay un parque grande donde se encuentran un museo, un jardín zoológico y un teatro al aire libre. Conozco a varios jóvenes muy simpáticos que viven en esta parte de la ciudad y que tienen más o menos la misma edad que tú y que mis sobrinos.

Si no quieres hacer el viaje en avión, será más agradable hacerlo en tren que en autobús. ¿Quieres escribirme diciéndome qué día y a qué hora llegarás? Espero verte pronto. Con recuerdos para tus papás y un abrazo para ti,

Cariñosamente, Isabel Martín de Valdés

T. : ¡Qué amable es Isabel!

V. : ¡Estoy encantada, mamá! ¿Puedo aceptar?

T. : ¡Ya lo creo! Estoy segura de que tu papá no tendrá inconveniente.

V. : Muchísimas gracias, mamá. Ahora voy a hacer mi maleta.

T. : ¡Pero, hija, no te vas hoy! ¿No sabes todo

lo que tienes que hacer? ¿Está limpia toda tu ropa? ¿Qué vestidos vas a llevar? ¿Qué blusas? ¿Qué otras cosas necesitas llevar? ¿Sabes el horario de aviones? Y antes que todo, tienes que escribirle a la señora Valdés que aceptas su amable invitación.

V. : Sí, es cierto, mamá. Pero estoy tan contenta que no sé por dónde empezar.

※ 어휘 (**Vocabularios**)

1. **명사** : el abrazo(포옹) el cartero(우체부) Catalina(여자 이름) la dirección(주소) la edad(나이) el este(동쪽) el horario(시간표) el inconveniente(지장, 반대, 이의) el interés(관심, 흥미) la invítación(초청, 초대) la maleta(가방) el oeste(서쪽) los recuerdos(안부) la sobrina(조카〔여〕) el sobrino(조카〔남〕) la visita(방문) Victoria(여자 이름)
2. **형용사** : querido, -a(사랑스런) reciente(최근의)
3. **부사** : cariñosamente(사랑스럽게 : 편지의 끝맺음 말) ahora(지금)
4. **동사** : llevar(입다) romper(찢다, 깨뜨리다)
5. **관용적 표현** : antes que todo(무엇보다도 먼저) campo de golf(골프장) campo de tenis(정구장) hacer una maleta(짐을 꾸리다 : 즉 여행 준비를 하다) ¡hija!(내 딸아!, 얘야!) el jardín zoológico(동물원) la misma edad que(…와 동갑이다) no tener inconveniente(개의치 않다, 지장이 없다) todo lo que(…하는 모든 것)

※ 문법 (**Gramática**)

1. **스페인어에 있어서의 성(姓)**

(Señorita) Isabel Martín (y) López
(Señor) Carlos Valles (y) Gómez
(Señora) Isabel Martín de Valles

스페인어식 성은 아버지의 성과 결혼하기 전 어머니의 성, 즉 2개의 성으로 되어 있으며, 이와 같은 성들 사이에 y를 쓰거나 또는 생략한다. 예컨대 Martín (y) López가 그러하다. 때로는 모성이 완전히 생략되기도 한다. (예 : Isabel Martín)

또 때로는 머릿글자만 쓰기도 한다. (예 : Carlos Valles G.) 여성의 결혼후 이름은 자기 아버지의 성 다음에 de를 쓰고 그 뒤에 남편의 성을 쓴다. (예 : Señora Martín de Valles)

2. 스페인어의 방위

el norte(북) el sur(남) el este(동) el oeste(서)

이 단어들은 스페인어에서 명사이며, 흔히 전치사구에서 볼 수 있다.

la América del Sur 남아메리카, 남미

Vive al norte de Buenos Aires.

그는 부에노스 아이레스 북쪽에 살고 있다.

3. 스페인어의 주소

Plaza de San Luis, 8 산루이스 광장 8번지

Calle de San Martín, 4445, este 동부 산마르틴가 4445

Paseo del Norte, 758 북가 758

스페인어식 거리 주소에서는 calle, avenida, plaza, paseo, camino 등이 쓰인다.

4. 비공식 개인 편지

1) 일자와 장소

Buenos Aires, 8 de agosto de 1984

1984년 8월 8일, 부에노스 아이레스에서

2) 서두

Querido José (Querida María) : 사랑하는 호세〔마리아〕에게

3) 결구

Cariñosos saludos de tu amigo (amiga)

너의 친구로부터 다정한 안부를 보낸다.

Con el cariño de tu buen amigo (buena amiga)

너의 좋은 친구로부터의 사랑과 함께

Con todo cariño 모든 정을 다 바쳐

Le saluda cariñosamente. 당신에게 다정하게 인사드립니다.

위의 몇 가지 예문은 개인 서신에서 흔히 볼 수 있는 결구로서 소

개되었다.

※ 질문 (**Preguntas**)

다음 물음에 스페인어로 대답하시오.

1) ¿Qué ha dejado el cartero?
2) ¿Para quién son?
3) ¿De quién es una de las cartas?
4) ¿De quién es la carta que lee Victoria primero?
5) ¿Dónde vive la señora Valdés?
6) ¿Cuál es la fecha de su carta?
7) ¿Por qué le escribe a Victoria?
8) ¿Quiénes van a visitarla?
9) ¿Qué hay cerca de la casa de la señora Valdés?
10) ¿Viven otros jóvenes en la misma parte de la ciudad?
11) ¿Cómo puede Victoria hacer el viaje?
12) Al leer la carta, ¿cómo está Victoria?
13) ¿Puede aceptar la invitación?
14) ¿Qué quiere hacer en seguida?
15) Pero, ¿qué dice su mamá?

바르셀로나의 자유 광장에
솟아 있는 콜롬부스 기념탑

LECTURA

Cristbaól Colón

El año 1492 marcó para España el fin de la larga guerra contra los moros y el principio de una época de gloria y gran poderío①. Fernando de Aragón e Isabel de Castilla, que reinaban en España, ya le habían dado al país la unidad política bajo un gobierno central y la unidad religiosa bajo el cristianismo. A causa de sus esfuerzos por la fe católica Fernando e Isabel habían recibido del Papa② el título de «Reyes Católicos.» Después de la conquista de Granada los Reyes Católicos comenzaron a extender su influencia por toda Europa. Fue natural la idea de la expansión hispánica, primero en el Mediterráneo y más tarde en el Nuevo Mundo. En el siglo XVI España llegó a ser la nación más poderosa del mundo.

En el mismo año de la conquista de Granada tuvo lugar③ uno de los acontecimientos④ de mayor importancia en la historia del mundo. Nos referimos al descubrimiento de América hecho por Cristóbal Colón y unos navegantes⑤ españoles.

Poco se sabe de la juventud de Colón, pero generalmente se cree que era italiano, de la ciudad de Génova. Hacia el año de 1485, después de pasar unos años en Portugal, llegó al puerto de Palos, en el sudoeste de España. Allí fue al Convento⑥ de Santa María de la Rábida donde los monjes le ofrecieron pan y hospitalidad. Creyendo que la tierra era redonda y no llana⑦, Colón les explicó a los monjes que esperaba navegar hacia el oeste en busca de⑧ un camino corto y rápido a las Indias. También explicó que había venido a España para buscar la ayuda de Fernando e Isabel. Entonces uno de los monjes, Fray⑨ Marchena, le dio cartas para algunas personas de la corte de los Reyes Católicos.

Gracias a éstas⑩ y a otras del duque de Medinaceli, Fernando e Isabel le recibieron en Córdoba. Éstos le oyeron con mucha atención, pero estaban tan ocupados con la guerra contra los moros⑪ que no podían ayudarle.

Colón pasó los cinco años siguientes viajando de un sitio a otro⑫ sin hallar la ayuda que necesitaba para realizar su proyecto, a pesar de⑬ los esfuerzos del fraile Juan Pérez, antiguo confesor de la reina Isabel. En 1491 visitó a Fernando e Isabel en Santa Fe, cerca de Granada, y volvió a explicarles⑭ sus planes, pero por segunda vez⑮ no los aceptaron. Por último la reina mandó llamar a Colón[16] y prometió ayudarle. Hay una leyenda que dice que la reina vendió sus alhajas[17] para obtener dinero, pero esto parece dudoso.

Colón volvió inmediatamente a Palos a organizar su expedición. Después de siete largos años de espera[18], partió de aquel puerto con sus tres pequeñas naves[19], la Pinta, la Niña y la Santa María, el tres de agosto de 1492. Navegaron dos meses y, como no se descubría nada, algunos de los marineros querían volver a España. Sin embargo, Colón pudo apaciguarlos[20] y continuaron hacia el oeste. Por fin el día doce de octubre uno de los marineros dio el grito de 《¡Tierra! ¡Tierra!》 Desembarcaron en la isla de Guanahaní y tomaron posesión de[21] ella en nombre de[22] los reyes de España. La llamaron San Salvador. La llegada de Colón todavía se celebra en el Nuevo Mundo. En los países de habla española[23] esa fecha se llama el Día de la Raza. Antes de volver a España Colón exploró otras islas, entre ellas Cuba y la Española[24]. Estableció en la Española el primer pueblo del Nuevo Mundo y lo llamó la Navidad porque se fundó el 25 de diciembre. Unos días después Colón partió para España, llevando unos catorce 《indios》 y toda clase de productos y plantas de la isla. Colón había dado el nombre de 《indios》 a los habitantes de las islas, creyendo que estaba en Asia. Al volver a

España en el mes de marzo de 1493, los Reyes Católicos le recibieron con gran entusiasmo y prometieron ayudarle en otras expediciones.

En el otoño del mismo año Colón emprendió[25] su segundo viaje a América. Le acompañaron unas 150 personas que representaban todas las clases sociales de España: sacerdotes[26] católicos, agricultores, obreros, médicos, es decir todas las personas que podían llevar al Nuevo Mundo la civilización de España. Traían semillas, plantas, árboles frutales[27], caballos, cerdos, vacas, en suma[28], todo lo necesario[29] para empezar la colonización. En este viaje Colón descubrió las islas de Puerto Rico y de Jamaica y algunas de las pequeñas Antillas. Al volver a la Española encontró que la primera colonia de la Navidad había desaparecido. Antes de volver a España para enterar[30] a los Reyes Católicos de sus nuevos descubrimientos, estableció otro pueblo, Isabela, que llegó a ser[31] la primera colonia permanente de América.

En 1498 hizo Colón su tercer viaje y en él descubrió la isla de Trinidad y la boca del Orinoco en la costa de Venezuela. Entretanto algunos enemigos suyos[32] fueron a España para presentar quejas[33] ante los reyes. Éstos enviaron a Bobadilla a América con la suprema autoridad. Bobadilla encadenó[34] a Colón y a sus dos hermanos y los envió a España. Fernando e

Isabel recibieron a Colón por tercera vez y lamentaron lo que Bobadilla había hecho. En su cuarto viaje Colón navegó por las costas de la América Central y de Yucatán. Volvió a España por última vez㉟ en 1504 y dosaños más tarde㊱ murió allí, pobre y casi olvidado.

No se sabe dónde están los restos㊲ del gran descubridor. Algunas personas creen que están en la ciudad de Santo Domingo, y otras que están en España. En la catedral de Sevilla hay una tumba magnífica que le honra y en el patio de la misma catedral se encuentra la Biblioteca Colombina㊳, fundada por el hijo de Colón. Esta biblioteca contiene unos libros que usaba el descubridor. Colombia, uno de los países de la América del Sur, tiene el nombre del explorador, y en Panamá hay dos ciudades llamadas Cristóbal y Colón. El mundo debe mucho a Cristóbal Colón. Era fuerte, enérgico y valiente, y con el descubrimiento de un nuevo mundo dejó un buen ejemplo a los otros hombres que más tarde habían de hacer viajes de conquista y de exploración.

① 힘, 세력, 권력.
② 〈교황〉을 뜻하며 대문자로 시작한다. 소문자로 쓰면 〈감자〉의 뜻.
③ 'tener lugar'는 숙어로서 〈(일이) 일어나다, 행하여지다, 개최하다〉의 뜻임.
④ 〈사건〉, 〈큰 일〉의 뜻이다.
⑤ 〈항해가들〉이란 뜻임.
⑥ Convento 는 수도원을 말함.
⑦ 〈평평한〉의 뜻을 나타내는 형용사.
⑧ 〈…를 찾아서〉라는 숙어임.

⑨ 〈신부님〉을 뜻하는 경어.
⑩ 〈…덕택에, …덕분에〉의 뜻.
⑪ 모로인 · 무어인(아라비아 베루벨랴계 인종의 회교도)
⑫ 〈이 곳에서 저 곳으로〉(즉 de는 〈…로부터〉, a는 〈…까지〉의 뜻이며 sitio는 장소를 나타낸다)
⑬ 〈…에도 불구하고〉라는 숙어임.
⑭ 'volver a+inf.'는 〈다시…하다〉란 뜻으로서 〈그들에게 다시 설명해 주었다.〉를 의미함.
⑮ 〈두 번째로〉
⑯ 콜룸부스를 부르러 보냈다.
⑰ 보석을 의미함.
⑱ 〈7년이란 긴 세월을 기다린 후에〉
⑲ 'nave'는 〈배〉(*boat*)를 뜻함.
⑳ 〈가라앉히다, 평정하다, 달래다〉란 뜻임.
㉑ tomar posesión de: 〈…을 점유 · 점령하다〉란 숙어임.
㉒ en nombre de 〈…의 이름으로〉.
㉓ 이 때 'habla'는 언어를 의미함. 즉 〈스페인어〉라는 뜻.
㉔ 뒤에 Santo Domingo라고 불리운 섬은 오늘날 Haiti와 도미니카 공화국을 포함함.
㉕ 〈착수하다, 시작하다〉란 동사.
㉖ sacerdote는 신부 등 성직자를 말함.
㉗ frutal은 fruta(과일)의 형용사로서 árbol과 합쳐서 〈과수〉 즉 〈과일나무〉란 뜻이다.
㉘ 〈결국, 요컨대, 말하자면〉.
㉙ todo lo necesario는 〈필요한 모든 것〉의 뜻임.
㉚ 〈보고하다〉란 뜻임.
㉛ llegar a ser : 〈…이 되다〉 (*to become*)란 뜻임.
㉜ 〈몇몇 그의 적들〉, 이 때 suyos는 〈그의〉라는 뜻이다.
㉝ queja는 명사로서 〈불평, 불만〉을 말한다.
㉞ 이 동사는 쇠사슬을 뜻하는 cadena와 관계되는 말로서 〈쇠사슬로 묶다, 가두어 놓다〉라는 단어임.
㉟ por última vez : 〈마지막으로〉.
㊱ dos años más tarde : 〈2년 뒤에〉.
㊲ el resto 즉 단수로 쓰면 나머지란 뜻이고 los restos 즉 복수로 쓰면 〈유해〉란 뜻임.
㊳ colombino는 Colón에서 나온 형용사로서 la Biblioteca와 합쳐 〈콜룸부스 도서관〉이란 말이 된다.

해 답 편

<제 3 과>

1) En la pared hay un mapa de México y de la América Central.
2) Hay seis países en la América Central.
3) Hay diez países en la América del Sur.
4) Hablan portugés en el Brasil.
5) En Cuba hablan español.
6) Hablan francés en Haití.
7) Sí, él escucha la radio.
8) Escucha (los) programas en español.
9) Sí, mira la televisión.
10) Escuchan los discos en la clase.

<제 6 과>

1) Ella (Inés) tiene una blusa.
2) No, es bastante vieja.
3) Tiene dos blusas (nuevas) en casa.
4) No, no son blancas. Una es azul y la otra, amarilla.
5) No, es viejo.
6) Son blancos.
7) Sí, usa sombrero, pero no en la escuela.
8) Sí, tiene zapatos rojos.
9) Es roja.
10) No, no son negros. Son azules.
11) Son negros.
12) Es rojo, blanco y negro.
13) Sí, es gris.
14) Sí, son azules.
15) Tiene un par de zapatos nuevos en casa.
16) Son blancos y negros.

<제 7 과>

1) Son las nueve.
2) Tomo el desayuno a las siete y veinte o a las siete y media.
3) Tomo el almuerzo a las doce.
4) Vds. cenan a las seis o a las seis y cuarto.
5) Tengo solamente dos clases por la mañana.
6) Tengo dos clases por la tarde.
7) Sí, tengo (la) clase de historia.
8) Sí, tengo (la) clase de matemáticas.
9) Sí, estudio por la noche.
10) Sí, escucho programas mexicanos en la radio.
11) Sí, aprendo bien el español.
12) Hablo coreano, inglés y español.
13) Hablo con don Roberto.
14) Sí, hay mapas en la pared.
15) La clase de español termina a las tres y media.

<제 8 과>

1) No, no vivo en el campo.
2) Sí, vivo en la ciudad.
3) Sí, vivo con mis padres.
4) Sí, vivo con mis abuelos, también.
5) Hay siete (personas) en mi familia.
6) Sí, vivo cerca de la escuela.
7) Sí, vivo en una casa blanca.
8) Es azul.
9) No, vivo en una casa de madera.
10) Sí, vivo en una casa de madera.
11) Sí, tengo una casa de campo.
12) Sí, escribo muchas cartas.
13) Escribo a mis amigos.
14) Sí, escribo en español.
15) Sí, escribo el vocabulario.
16) Recibo cartas de mis amigos.

17) Sí, recibo muchas cartas.

<제 9 과>

1) Llego a la esuela a las nueve menos cuarto.
2) Voy a la clase de español a las nueve.
3) No, no voy a casa a tomar el desayuno.
4) Tomo el almuerzo a las doce.
5) Sí, a veces voy a la biblioteca a estudiar.
6) Compro papel en la librería.
7) Sí, escribo muchas composiciones.
8) Sí, el español es fácil.
9) Sí, tengo un examen mañana.
10) No, los exámenes son muy difíciles.
11) Sí, necesito estudiar mucho.
12) Generalmente terminan a las cuatro y media.
13) Sí, voy al centro por la tarde.
14) No, no compro mucho allí.
15) Llego a casa a las cinco y media o las seis.
16) Voy a estudiar esta noche en casa de Carlos.

<제 10 과>

1) Hablan Juan y Luis.
2) Va a tomar chocolate.
3) Casi siempre toma café con leche o con crema.
4) Aquella tarde va a tomar café solo.
5) Es Elena Blanco, amiga de Bárbara.
6) Ella pasa varios fines de semana con Bárbara.
7) Juan va a dar un paseo con María.
8) A las cuatro.
9) Según su reloj ya son las cuatro menos veinte.
10) No, el reloj de oro no es de él. Es de su hermano.
11) Su reloj es de plata y muy viejo.
12) La amiga de Luis se llama Juanita.

13) Su padre tiene un coche nuevo.
14) Es médico.
15) Luis va a platicar un rato con las muchachas, especialmente con Elena.
16) Va al centro a las cuatro y media.

<제 11 과>

1) Ella habla con Isabel.
2) Está muy bien.
3) Ella está un poco cansada.
4) Sí, ella quiere un vaso de agua.
5) Sí, el agua está fría.
6) Lee una revista argentina.
7) Aprende algo de la vida de otros países.
8) Su papá está en el centro.
9) Su mamá está en el jardín.
10) Su mamá tiene muchas flores en el jardín.
11) Juanita está sentada cerca de allí.
12) Ella no está muy contenta.
13) El primo de Juan está en la calle.
14) Va a platicar con la mamá de Isabel.

<제 12 과>

1) Busca a Enrique.
2) No, no le ve.
3) Sí, entra en su casa.
4) Tiene que terminar una carta.
5) Sí, quiere esperar.
6) Sí, lee el periódico.
7) Escucha programas mexicanos o cubanos en la radio.
8) Sí, ve muchos programas en la televisión.
9) Son buenos.
10) Tiene un televisor nuevo, muy bueno.
11) Carlos abre la puerta.

12) Ve a Enrique.
13) Sí, le saluda.
14) Sí, ellos platican un rato.
15) Van a un café que está cerca a tomar algo.

<제 **13** 과>

1) Está muy bien.
2) Nada de particular.
3) Luis espera a José Navarro.
4) Sí le conoce bien.
5) Es un muchacho muy simpático.
6) No, no sabe dónde está.
7) Caminan hacia el café.
8) José baja de un autobús.
9) Cuando entran en el café buscan una mesa desocupada.
10) Ramón toma café solo.
11) José toma café con leche.
12) Y Luis toma una limonada.
13) Entonces entran tres amigas.
14) Ella va a tomar té caliente.
15) No, lo toma sin limón.
16) Ella va a tomar un helado.
17) No, no lo desea.
18) Ella toma chocolate.

<제 **14** 과>

1) Está enfrente de su casa.
2) Va de compras.
3) Saluda a Carmen.
4) Su hermana Anita la espera en el centro.
5) Ella va a buscar un sombrero nuevo.
6) Sí, Isabel también quiere ir de compras.
7) Su padre le da dinero cada semana para comprar lo que necesita.

8) Ella está enfrente de una tienda grande.
9) Les pregunta qué desean.
10) Carmen le dice que busca un sombrero.
11) Sí, tienen muchos sombreros.
12) Tiene el precio de diez dólares.
13) No, ella no lo compra.
14) Según ella, el sombrero blanco es realmente precioso.
15) Tiene el precio de seis dólares.
16) Sí, lo toma.

<제 **15** 과>

1) Son las siete y media.
2) Casi siempre salgo de casa a las ocho menos cuarto.
3) Llego a la escuela a las ocho menos cinco.
4) Entro en esta clase a las ocho y diez.
5) No, al contrario, tengo mucho calor.
6) No, no tengo sed.
7) Sí, tengo mucha hambre.
8) Sí, a veces tengo sueño en la clase.
9) Sí, tengo mucho calor ahora.
10) Es jueves.
11) No, no es día de fiesta.
12) La semana tiene siete días.
13) Tiene veinte y cuatro horas.
14) No, no tengo clases los sábados.
15) No, no tengo clases los domingos.
16) Vamos a la iglesia los domingos.
17) No, no voy a la escuela todos los días.
18) No, no tengo clases mañana.
19) Salgo de esta clase a las cuatro y media.
20) Sí, voy a casa ahora.

<제 **16** 과>

1) Es miércoles.

2) Juan la llama.
3) Contesta la abuela de María.
4) Sí, ella está en casa.
5) Está perfectamente bien.
6) Nada de particular.
7) Sí, está ocupada.
8) Escribe una carta a su mamá.
9) No, no tiene cita para entonces.
10) Su club va a tener una tertulia.
11) Van a comer en casa de Felipe.
12) Después van al club campestre a bailar.
13) Sí, María quiere ir con él.
14) Carlos va a llevar a Dorotea Castillo.
15) No, no la conoce.
16) Los esperan a las siete.

<제 17 과>

1) Hace mal tiempo hoy.
2) Sí, hace frío.
3) No, no hace calor.
4) No, no hay sol.
5) Sí, hace mucho viento.
6) Sí, hay mucha nieve.
7) Es invierno.
8) Aquí hace mucho frío en invierno.
9) Hace calor en verano.
10) Hace buen tiempo en otoño.
11) Hay nieve en invierno.
12) Sí, a mí me gusta la nieve.
13) Sí, a me gusta el invierno.
14) No, no es invierno en la Argentina. Es verano ahora.
15) No, no me gusta el verano.
16) No me gusta el verano porque hace demasiado calor.
17) Son largos.

18) Son cortos.
19) Son largas.
20) Son cortas.
21) No, no llueve mucho.
22) Llueve bastante en primavera.

<제 18 과>

1) Va a casa del señor Moreno.
2) El señor Moreno le espera a las tres.
3) Van a hablar del viaje de vacaciones de Miguel.
4) Piensan ir a México.
5) No, no van en coche. Van en avión.
6) Su papá tiene solamente dos semanas de vacaciones.
7) Van a estar allí unos diez días.
8) No, no puede ir con ellos.
9) Sí, cuesta mucho.
10) No, su mamá no va esta vez.
11) No, a ella no le gusta viajar en avión.
12) Va a visitar a los abuelos de Miguel.
13) Miguel practica el español con el señor Moreno.
14) Sí, lo entiende bien.

<제 19 과>

1) Me llamo Pablo Martínez.
2) Generalmente me despierto a las siete menos cuarto.
3) Me levanto a las siete.
4) No, me levanto a las nueve los domingos.
5) Primero limpio los dientes, me lavo la cara y las manos.
6) Sí, me baño por la mañana.
7) Tomo el desayuno a las siete y cuarto.
8) Lo tomo en el comedor.
9) Lo tomo con mi familia.
10) Uds. toman chocolate, pan tostado o pan dulce.
11) Almuerzo a las doce.

12) Sí, almuerzo en la escuela.
13) Ceno a eso de las seis.
14) Sí, me gusta tomar café.
15) Me acuesto entre las diez y las diez y media.
16) No, me acuesto tarde los sábados.
17) Sí, tengo un reloj.
18) Son las tres y cinco de la tarde.
19) Empieza a las tres y cuarto.
20) Termina a las cuatro.
21) Vuelvo a casa a las seis y media.
22) Sí, tengo que estudiar esta noche.
23) Sí, a mí me gusta hablar español.
24) Sí, los escribo en mi cuaderno.

<제 20 과>

1) Sí, tenemos un equipo de básquetbol.
2) Sí, nosotros tenemos un buen equipo.
3) Sí, hay un partido esta noche.
4) Sí, los veo.
5) Sí, vamos a ganar el campeonato.
6) Hay cinco jugadores en un equipo de básquetbol.
7) Sí, me gusta el básquetbol.
8) No, no juego al básquetbol.
9) Sí, me gusta el fútbbol.
10) No, no juego al fútbol.
11) Hay once jugadores en un equipo de fútbol.
12) Jugamos al fútbol en verano.
13) En primavera jugamos al béisbol.
14) No, no juego al béisbol.
15) Sí, soy aficionado al béisbol.
16) Hay nueve jugadores en un equipo de béisbol.
17) Sí, espero jugar este año.
18) Sí, sé jugar al lenis.
19) Sí, tenemos equipo en esta escuela.

20) Sí, sé jugar al golf.
21) Podemos jugar al golf en el club campestre.
22) Sí, juego con él.

<제 21 과>

A. 1) Trató de llamar a Jaime.
2) La pasó en casa de Eduardo.
3) Jaime los llevó al aeropuerto.
4) Eduardo lo acompañó.
5) Lo llevó a su casa.
6) No, no estudiaron.
7) Cenaron temprano.
8) Después escucharon unos discos de música hispanoamericana.
9) Pasaron por la casa varios amigos de Eduardo y de María.
10) Bailaron la rumba y el tango.
11) Ellos se marcharon a las once de la noche.
12) No, se acostaron tarde.
13) Primero terminó una carta a su hermano y después miró la televisión.
14) Se acostó a eso de las diez.

B. 1) Sí, estudié anoche.
2) No, no miré la televisión.
3) Me acosté a las once y media anoche.
4) Me levanté a las siete esta mañana.
5) Me desayuné a las siete y veinte.
6) Me desayuné con mi familia.
7) No, no tomé chocolate.
8) Entré en la sala de clase a las nueve y cuarto.
9) Empezó a las nueve y veinte.
10) No, no juego a los naipes.
11) Sí, sé bailar.
12) Sí, bailo mucho.
13) No, no tengo tocadiscos de alta fidelidad.
14) Sí, tengo unos discos hispanoamericanos.

<제22과>

A. 1) Ella no va a hacer nada.
2) No va a hacer nada porque está muy cansada.
3) Carlos la llevó al teatro anoche.
4) Volvieron a casa a la una.
5) Presentaron una comedia española allí.
6) Ella aprendió mucho acerca de ciertas costumbres españolas.
7) No, ella no se quedó en casa.
8) Marcos la invitó a ir al cine.
9) Pablo partió para un viaje ayer.
10) Va a volver el mes que viene.
11) No, no vió a nadie.
12) Presentan una magnífica película mexicana.
13) En ella hay una orquesta que toca canciones muy bonitas y un joven mexicano que canta muy bien.
14) Es el baile nacional de México.
15) Ella vio un precioso grupo de bailarines españoles.
16) Suena el teléfono.

B. 1) Sí, me gusta bailar.
2) Me gusta bailar con mi amiga.
3) No, no sé bailarlo.
4) No, es un baile mexicano.
5) No, no la bailo.
6) Sí, me gusta mucho ir al cine.
7) Sí, veo(las) películas extranjeras.
8) Sí, me gustan más las películas norteamericanas.
9) Sí, a veces voy al teatro.
10) No, canto muy poco.
11) Sí, canto canciones mexicanas.
12) Tengo discos de música mexicana.

<제 23 과>

1) Después de desayunarse, fue a casa de María Blanco.
2) Ella partió para San Francisco.

3) Va a estar allí casi dos meses.
4) No, fue en avión.
5) No, ella no fue al aeropuerto. Se quedó en casa de María.
6) Tomó el autobús para ir al centro.
7) Fue allí a buscar varios regalos.
8) Tomó un taxi para volver a casa.
9) Ellas fueron al museo de arte.
10) Vieron una exposición en el museo.
11) Sí, hoy día hay muchos pintores hispanoamericanos.
12) No, ella no lo sabe.
13) Sí, ella quiere verla.

<제 24 과>

1) Estamos a primero de febrero de mil novecientos ochenta y cinco.
2) Es viernes.
3) Ayer fue jueves.
4) Será el dos de febrero.
5) Tengo veintiún años.
6) Nací en el año de mil novecientos sesenta y cuatro.
7) Tiene treinta y un días.
8) Tiene treinta días.
9) Treinta y un días.
10) Treinta y uno, también.
11) Hay veinticinco alumnos en esta clase.
12) Hay trescientos sesenta y cinco o trescientos sesenta y seis días en un año.
13) Sí, Madrid es bastante grande.
14) Tiene cinco millones de habitantes, más o menos.
15) Barcelona es casi tan grande.
16) Hay más de diez millones de habitantes en la ciudad de México y unos seis millones en Buenos Aires respectivamente.
17) Lima, Santiago, Bogotá, Caracas, Montevideo y la Habana tienen más de un millón de habitantes.

18) Seúl tiene unos diez millones de habitantes.
19) Se llama el "Día de la Raza".
20) Colón lo descubrió en el año de mil cuatrocientos noventa y dos.
21) Partió de España el tres de agosto de mil cuatrocientos noventa y dos.
22) Tardó setenta días en llegar a tierra americana.
23) Necesitamos hoy día unas cuantas horas para hacer el mismo viaje.
24) Se celebra el aniversario de la independencia en los Estados Unidos.
25) México la celebra el diez y seis de septiembre.

<제 25 과>

A. 1) Guillermo habla con el señor Kim.
2) Preguntó—¿Qué hizo usted? ¿Por qué no vino a mi casa a platicar un rato?—
3) Los señores Molina vinieron a su casa.
4) Hicieron un viaje por la América del Sur.
5) Partieron el 2 de octubre.
6) No, fue el tercer viaje de la señora Molina.
7) Hablaron de los cambios que observaron en la vida de los sudamericanos.
8) Visitaron todos los países, menos Bolivia y el Paraguay.
9) Les gustó más el Perú.
10) Compraron una cartera de cuero para él.
11) Le trajeron a su hermana una preciosa pulsera de plata.
12) Espera ganar bastante dinero dentro de dos o tres años para ir a trabajar allí.

B. 1) Es el cuatro de febrero.
2) Estudiamos la lección veinticinco hoy.
3) Es enero.
4) Es diciembre.

5) Es febrero.
6) Es junio.
7) Es agosto.
8) Es octubre.
9) La primera estación del año es la primavera.
10) Es el verano.
11) Los meses de verano son junio, julio y agosto.
12) Los meses de otoño son septiembre, octubre y noviembre.
13) Es domingo.
14) Es martes.
15) Es sábado.

<제 26 과>

A. 1) Pablo se paseaba por la calle.
2) Decidió llamar a la casa de Andrés.
3) Andrés la abrió.
4) Subieron al cuarto de Andrés.
5) Escribía una composición en español.
6) Su familia vivía en el campo.
7) Todos los veranos pasaban mucho tiempo en uno de los parques nacionales.
8) Su padre los llevaba a sitios hermosos.
9) Sus padres descansaban a la sombra de los árboles altos y hermosos.
10) Andrés y su hermana daban paseos por el bosque.
11) Siempre hacía fresco allí.
12) Sí, hacía buen tiempo allí en otoño.
13) En invierno hacía mucho frío y mucho viento.
14) Sí, les gustaba ir allá en invierno.

B. 1) Sí, monto a caballo.
2) Sí, me gusta mucho montar a caballo.
3) Sí, tengo un caballo.
4) No, no quiero comprar uno.

5) No, no hay ninguno cerca de aquí.
6) Sí, hay montañas.
7) Sí, me gusta subir a las montañas.
8) No, no sé esquiar.
9) Sí, mi familia va a las montañas en verano.
10) Quiero pasar mis vacaciones en la playa.

<제 27 과>

A. 1) Hablan Pablo y Andrés.
2) Va a leer el párrafo que escribió.
3) Eran las tres de la tarde cuando salió de casa.
4) Hacía frío.
5) Quería comprar un traje.
6) Tomó un autobús para ir al centro.
7) Veía muchos trajes en el escaparate todos los días.
8) Le preguntó a Pablo si deseaba algo.
9) Le mostró tres o cuatro(trajes).
10) No, no compró ninguno.
11) Sí, compró un sombrero.
12) De pronto se encontró enfrente de una tienda pequeña donde había trajes y abrigos en el escaparate.
13) Al entrar, vio un traje y lo examinó con cuidado.
14) Sí, llegó a casa antes de la hora de cenar.

B. 1) Ayer almorcé a las doce y media.
2) Eran las cinco menos cuarto cuando salí de la escuela.
3) Llegué a casa a las cinco y media.
4) Empecé a estudiar a las siete anoche.
5) Sí, lo busqué.
6) Sí, lo encontré.
7) Eran casi las once cuando me acosté anoche.
8) Eran las siete menos veinte cuando me levanté esta mañana.
9) Llegué allí a las ocho y doce.
10) Empezaban las clases a las nueve menos cuarto.

11) Esta clase empezó a las diez menos diez.
12) Termina a las once menos veinte.

<제 28 과>

1) Ella habla con Berta.
2) Trató de llamar a la mamá de Berta.
3) Cuando llamó eran las dos y media, más o menos.
4) Tuvieron que ir al mercado.
5) Fueron allí porque fue necesario comprar varias cosas.
6) Ella puso la mesa y ayudó a su mamá a preparar la cena.
7) Porque estaba enferma.
8) Puso en la mesa un mantel limpio, servilletas, vasos, cuchillos, tenedores y cucharitas.
9) Los preparó en la cocina.
10) Había diez (personas)
11) Ellas tuvieron que limpiar la cocina y lavar todos lo platos.
12) Las dos estaban muy cansadas.

<제 29 과>

1) Habla con la señora Díaz.
2) Buscaban (una) casa.
3) Vieron tres casas y un piso en el edificio de apartamientos.
4) Una era de piedra y dos eran de madera.
5) Era muy bonita.
6) Tienen un hijo y una hija.
7) No, es de dos pisos.
8) Abajo están la sala, el comedor, la cocina, un cuarto de baño, una sala de recreo y un despacho.
9) Hay tres alcobas grandes y una pequeña.
10) Tiene solamente dos alcobas.
11) Tiene tres.
12) No, son chicas.

13) Hay mucho espacio en la parte de atrás.
14) Sí, es casi nueva.
15) Pueden ocuparla inmediatamente si deciden tomarla.
16) Está en un viaje de negocios.
17) Vuelve pasado mañana.
18) Está al otro lado del parque.
19) No, no está muy lejos de allí.
20) Ella debe ir a la casa de la señora Velasco.

<제 30 과>

1) Va a la tienda de ropa.
2) Sí, Ernesto le acompaña.
3) Van a la tienda del señor Ramírez.
4) Van allá porque se habla español y quieren comprar varias cosas.
5) Sí, está abierta todavía.
6) Se cierran las tiendas a las ocho aquel día.
7) Un dependiente se acerca a ellos.
8) Les pregunta—¿En qué puedo servírles, señores?—
9) Quiere ver primero las corbatas.
10) Decide tomar las corbatas roja y amarilla.
11) Compra cuatro.
12) Le dio al dependiente un billete de diez dólares.
13) Le dio a Miguel la vuelta (el vuelto).
14) Entonces quiere ver un traje y un impermeable.
15) Los venden arriba (en el segundo piso).
16) Toman el ascensor.

<제 31 과>

1) Ha estado en la playa.
2) Sí, había mucha gente allí.
3) No le gusta a él nadar ni en un lago ni en un río.
4) A veces él va a una piscina.

5) Le gusta más nadar en el mar.
6) Fue a la playa el sábado pasado.
7) No pudo nadar porque bacía fresco y el agua estaba fría.
8) Se puso el traje de baño y se sentó en la arena a tomar el sol.
9) Ha trabajado en la oficina de su padre toda la tarde.
10) No, no va al café con él.

<제 31 과 〔문법〕 4 항>

1) Sí, me he desayunado.
2) No, he venido a pie a la escuela.
3) Sí, he venido en autobús.
4) Sí, he venido a pie.
5) No, no he llegado tarde a la escuela.
6) Sí, he ido a la biblioteca.
7) No, no he almorzado todavía.
8) He tenido tres clases hasta ahora.
9) Sí, ya me he sentado.
10) Sí, he cantado en todas mis clases.
11) Sí, he visto a muchos amigos.
12) Sí, los he saludado.
13) No, no he hablado con mis profesores.
14) Sí, he escrito un examen hoy.
15) Sí, he comprado un libro.
16) No, no he comprado papel todavía.
17) Sí, he comprado lápices.
18) No, no he recibido dinero todavía.
19) Sí, he salido de la escuela.
20) Sí, he estado aquí más de una hora.

<제 32 과>

1) Ella habla con la señorita Morales.

2) No, no se había acostado cuando la llamó.
3) Ella estaba en la sala con sus padres.
4) Había pasado la tarde en el centro.
5) Allí compró un par de zapatos.
6) Allí compró un suéter gris, una blusa blanca, una falda roja, un sombrero blanco y un vestido azul.
7) Es de algodón.
8) Es deorlón y rayón.
9) Es de lana.
10) Es de fieltro.
11) Es azul.
12) No, no fue sola. Fue con su hermana Paula.
13) Ella compró ropa interior y dos pares de medias.
14) Quería comprar un cinturón y unos calcetines para él.
15) Solamente los calcetines.
16) Porque el dependiente que vendía cinturones estaba muy ocupado y a ella le quedaba poco tiempo.
18) Sí, la cena ya estaba lista.

<제 33 과>

1) Están en el aeropuerto.
2) Le ve al señor Fernández.
3) Dice—Me alegro mucho de verle, Sr. Fernández.—
4) Contesta—¡Y qué gusto me da verle a Ud., señor Ocampo!—
5) Volvió de España hace una semana.
6) Tuvo que pasar tres días en la oficina de su compañía en Nuev York.
7) Entonces fue a Wáshington.
8) Sí, él ha estado en España.
9) Las costumbres han cambiado (muy) poco en los pueblos de España.
10) En las ciudades (como Madrid, Barcelona y Valencia) todo es muy moderno.
11) Se almuerza allí a las dos de la tarde.

12) Se cena a las nueve o las diez.
13) Esta costumbre les parece extraña a los turistas y a los hombres de negocios de otros países.
14) Iba a menudo al café con sus amigos españoles.
15) Ellos le decían al camarero que era extranjero.
16) Cervantes dijo: 《En cada tierra su uso.》

<제 34 과>

1) Está leyendo un libro(que trata de la historia y de la vida de España.)
2) El libro trata de la historia y de la vida de España.
3) Estaba charlando con un amigo español.
4) Habló mucho de su país.
5) Todos van al café por la tarde.
6) Allí pasan largas horas charlando, fumando y tomando café.
7) En las tertulias hablan de todo: de arte, de literatura, de música, de la vida política, económica y social, de las mujeres, etcétera.
8) A veces, tratan de hablar al mismo tiempo, hablando en voz alta y gritando.
9) No, no se come en un café en España.
10) Allí se toma café, chocolate o té, y pasteles.
11) Uno va al restaurante para comer.
12) Hay cafés al aire libre en las calles que tienen aceras anchas.
13) No, no siempre.
14) A veces se lo toma en vasos.
15) Primero el camarero echa café.
16) Después, echa leche caliente.
17) Sí, a veces toman café solo en España.
18) No, los españoles no son perezosos; sí que trabajan.

<제 35 과>

1) Ella estaba en el centro.

2) Se encontró con su amiga Olga.
3) Fue al centro a buscar un regalo de cumpleaños para su hermanito.
4) Compró una camisa y dos rollos de película.
5) Su papá le va a regalar a Diego una nueva cámara de 35 milímetros.
6) En otra tienda ella vio unos guantes preciosos.
7) No los compró porque ya no tenía dinero.
8) Olga tiene un billete de cinco dólares.
9) Sí, puede prestárselo a Sara.
10) No, los guantes no son de seda; son de piel.
11) Sí, le quedaron perfectamente bien.
12) Valen cinco dólares.
13) Sí, le gustan a Olga porque son preciosos.
14) Sí, Sara los compró.
15) Ellas fueron a tomar un refresco.

<제 36 과>

1) Suena el teléfono.
2) Dorotea contesta.
3) Ella dice—¡Bueno!
4) Pregunta—¿Está el señor Oscar Martínez?—
5) Contesta—No está en este momento. ¿Quién habla?—
6) Está en el Hotel Buena Vista.
7) Llegó a la capital hace menos de tres horas.
8) Sí, vino en coche.
9) Tomó la Carretera Panamericana.
10) Pasó por las montañas de noche.
11) El camino le parece muy interesante.
12) Tiene que ir a una reunión.
13) Lo puede llamar entre las nueve y las once.
14) Pueden hacer una excursión por la ciudad.

<제 37 과>

1) Oscar le había prometido a Emilio ir al hotel por él.
2) Le telefoneó a Emilio para decirle que no podía ir a buscarlo al hotel.
3) No lo tiene porque su mamá estaba usando su coche y su hermano mayor salió en coche, también.
4) Porque es más rápido y además el autobús no pasa cerca de su casa.
5) Dice—¡Cuánto me alegro de verle a Ud. otra vez!—
6) Emilio dice—El gusto es mío. Es un gran placer estar aquí.—
7) Su casa es tan bonita.
8) La mayor parte de las casas son más grandes que la de Oscar, pero no son tan cómodas como ésa.
9) Es de estilo español.
10) En él hay un jardín y una fuente.
11) Son hermosísimas.
12) Es muy agradable.

<제 38 과>

1) Está sentado en el vestíbulo del hotel.
2) Llega su amigo Ricardo Rodríguez.
3) Está leyendo una revista.
4) Quiere saber si habrá corrida de toros mañana (al día siguiente : 그 이튿날).
5) Ricardo compra un periódico.
6) Llegará la hermana de Emilio.
7) Quiere ver una corrida (de toros).
8) Matarán seis toros.
9) La corrida empieza a las cuatro en punto.
10) Irá a las montañas.
11) Sí, es muy aficionado a todos los deportes.
12) Se juega el "jai-alai", o la pelota en el frontón.
13) Sí, el juego es rapidísimo.
14) Sí, le gustaría ver un partido.

15) Vendrá por él a las siete.
16) Pueden cenar en restaurante vasco que está cerca del frontón.

<제 39 과>

1) Está en la acera.
2) Está esperando a María Molina.
3) María dijo que estaría allí para las dos y media.
4) Tenía que ir primero al banco.
5) Y después tenía que ir al correo.
6) Necesitaba sellos.
7) Quería mandarlas por correo aéreo.
8) No llegó a tiempo porque se detuvo unos minutos a hablar con Bárbara López y con Juan García.
9) Decimos—Quiero presentarle a....
10) Dijo—Mucho gusto en conocerla a Ud., Carmen.
11) Contestó—El gusto es mío.
12) Sí, le gustaría a ella ir al teatro.
13) Le prometió a su hermanito ir al museo con él.
14) La espera en la esquina de la Calle de Toledo y la Avenida de Mayo.
15) Dice—He tenido mucho gusto en conocerla, María.
16) María contesta—El gusto ha sido mío.
17) Tienen que darse prisa porque no quieren perder la función.
18) Se dice "Vamos." en español.

<제 40 과>

1) Ella ve a Magdalena.
2) Acaba de telefonearle a Magdalena.
3) Su mamá está en casa de sus abuelos.
4) Ella tuvo que lavar la ropa y limpiar la casa.
5) Fue al mercado.
6) Compró carne, legumbres, pan y otras cosas.
7) Estaba muy cansada.
8) Sí, Clara fue con ella a casa de Juanita.

9) Tuvieron gran sorpresa de ver a Marta y a su esposo Humberto allí.
10) Se casaron hace dos meses.
11) La pasaron en Acapulco.
12) Tenía algunas diapositivas que había sacado en su viaje.
13) Las fotografías eras bonitísimas, todas a colores.
14) Le parece a ella muy simpático.
15) No creo. Ya habrán partido de allí, porque tienen que llegar a su casa pasado mañana.
16) Ella cantó tres o cuatro canciones mexicanas.
17) Sí, canta mejor que nunca.
18) Magdalena va a descansar.

<제 41 과>

1) Ellas salen de viaje el 27 de agosto.
2) No van en el barco porque su madre teme que se mareen.
3) Han sacado billete de ida y vuelta en tren.
4) Van tomando un taxi de la estación al aeropuerto.
5) Se descansa más en el barco.
6) Los de abajo son más frescos.
7) A bordo hay pocos gastos, salvo propinas.
8) En la aduana se revisa los equipajes de los pasajeros.
9) Uno no se aburre en un barco porque hay muchos servicios de recreo. A bordo hay diversiones tales como billar, tenis de mesa, naipes, etcétera.
10) El viaje en avión tiene como ventaja la rapidez y como inconveniente el peligro de accidentes.

<회화 제 1 과>

1) Son casi las dos de la tarde.
2) Pasan por una calle de Madrid, buscando un restaurante.
3) Se encuentran enfrente de uno bien conocido.
4) Porque un español amigo suyo lo llevó allí hace más o menos una semana.

5) Ven una mesa desocupada en un rincón.
6) No, el camarero tarda en venir.
7) Les trae la lista.
8) Trae los cubiertos, el pan, la mantequilla y los vasos.
9) Primero va a tomar sopa. Después, biftec con patatas fritas y ensalada de lechuga y tomate.
10) No, no los toma.
11) Las tortillas españolas son de huevos.
12) Las tortillas mexicanas son de maíz.
13) En el restaurante tienen huevos revueltos, pasados por agua, fritos...
14) Armando toma una tortilla de huevos en vez de sopa. Después, pescado, puré de patatas y una ensalada de legumbres.
15) De postre toman frutas frescas, flan o queso en España.
16) Va a tomar flan y café con leche y azúcar.
17) Y Rodrigo va a tomar frutas y una taza de café solo.
18) Lo van a tomar con el postre.
19) Le dan al camarero una propina.
20) Sí, van a cenar allí.
21) Van a tomar arroz con pollo.
22) Pueden ir al teatro.

<회화 제 2 과>

1) Ellos están en México.
2) Paran en un motel, o campo de turismo.
3) Van a un restaurante a cenar.
4) No, no saben nada de los platillos mexicanos.
5) Según él, deben tomar primero huevos rancheros.
6) Son huevos fritos con salsa de chile.
7) Les gustan a muchas personas con tortillas.
8) Es una torta delgada de maíz.
9) Los tacos son tortillas tostadas con pollo o carne y salsa de chile.

10) Se hace el mole de chiles, cacahuates, chocolate y muchas otras especias.
11) Generalmente se sirve con guajolote.
12) Es una ensalada muy buena.
13) Se hace de aguacate, cebolla, jitomate y chile, al gusto.
14) Carlos decide tomar huevos rancheros con tortillas, tacos con pollo y guacamole.
15) Jorge va a tomar huevos rancheros con tortillas, tacos con pollo y mole de guajolote.
16) Muchos mexicanos toman frijoles con todas las comidas.
17) Sí, los toman.
18) No, no desean una cerveza.
19) Toman agua con hielo con la cena.
20) Van a tomar café solo con algún postre.

<회화 제 3 과>

A. 1) Ella se encuentra con Carolina.
2) Porque la buscaba para invitarla a cenar con ella.
3) No, no podrá cenar con ella.
4) Tiene que ayudar a su mamá.
5) Cambiará las sábanas y las fundas de almohada de todas las camas; hará las camas y pondrá las cobijas y las colchas.
6) Pondrá jabón y toallas para todos allí.
7) Su mamá las limpiará.
8) Quitará el polvo a los muebles.
9) Después, tienen que preparar una buena comida.
10) Van a servir pollo frito, puré de papas, judías verdes, ensalada de frutas, panecillos calientes con jalea, y, de postre, pastel de manzana con café solo.
11) Berta tiene como muebles nuevos, una cama, un tocador, un armario, una mesita, un estante para libros y dos sillas.
12) Es para su máquina de escribir.
13) Podrá ir a casa de Berta el domingo por la tarde.
14) Sí, tal vez estará en casa.

B. 1) En mi casa mi mamá las prepara.
2) Sí, me ayuda a prepararlas.
3) Sí, me gusta ponerla.
4) Sí, los llevo a la cocina.
5) Sí, los lavo.
6) Me gusta más el arroz con pollo.
7) No, no sé preparar muchos platos.
8) Me gustan más las ensaladas.
9) Tomo helados de postre.
10) Sí, lo tomo.
11) Tomo dos (tazas).
12) Sí, nos quedamos a la mesa para hablar un rato.
13) No, no tengo que limpiar mi cuarto todos los días.
14) No, no hago la cama.
15) Tengo una cama, una mesita de noche, un armario, un estante para libros, etc. en mi cuarto.
16) Sí, tengo (una) máquina de escribir.

<회화 제 4 과>

A. 1) Son la cabeza, los brazos, las manos, el tronco, las piernas y los pies.
2) Son la cara, la nariz, la boca, las mejillas, la barba, las orejas, los ojos y el pelo.
3) Tenemos los dientes y la lengua.
4) Las muchachas usan lápices de labios en los labios.
5) Tengo veinte dedos.
6) Tengo cinco dedos en cada pie.
7) Llevamos zapatos en los pies.
8) Llevamos sombreros en la cabeza.
9) Nos ponemos guantes en las manos.
10) Vemos con los ojos.
11) Oímos con los oídos.
12) No, no me duele la cabeza.
13) Sí, me duele una muela.

14) Cuando nos duele una muela vamos a ver al dentista.
15) Tengo dos brazos.

B. 1) Tengo el pelo corto.
2) Tengo el pelo moreno.
3) Tengo los brazos largos.
4) Tengo las piernas largas.
5) No, tengo los ojos marrones.
6) Sí, tengo la nariz pequeña.
7) Sí, tengo la boca grande.
8) Sí, tengo los dientes bonitos.
9) Sí, tengo los labios rojos.
10) No, tengo las orejas pequeñas.
11) Sí, tengo las mejillas rojas.
12) No, tengo los dedos largos.

<회화 제 5 과>

1) Los señores Gutiérrez llegan a Monterrey.
2) Está en la Carretera Panamericana.
3) Se paran en una estación de gasolina.
4) Les pregunta si desean llenar el tanque.
5) Sí, hay muchas (en todas las ciudades y en casi todo los pueblos).
6) Sí, necesita gasolina.
7) Sí, pone mucha.
8) Sí, lo pone también.
9) Revisa el agua del radiador y el aire de las llantas.
10) Debe poner veinte libras de aire.
11) No, el parabrisas está sucio.
12) Novecientos cincuenta y ocho treinta.
13) Le da mil pesos.
14) Sí, está en buen estado.
15) No, no tienen prisa.
16) Van a pararse de vez en cuando para sacar fotografías y

para ver el paisaje.

17) Unos mil cincuenta kilómetros.
18) Pueden pasarla en Valles o en Tamazunchale.
19) Va de Saltillo a la capital.
20) Sí, hay varios.
21) Sí, hay moteles.
22) Le toca manejarlo a la señora de Gutiérrez.
23) Entonces, ella pone en marcha el motor.
24) Dice—¡Buen viaje!
25) Sí, hay bastantes (automóviles) en Corea.
26) Sí, tengo uno.
27) Sí, sé manejar.
28) Sí, siempre trato de manejar bien.
29) Compramos gasolina en una estación de gasolina (de servicio).
30) Sí, mi automóvil usa mucha.
31) Sí, usa mucho también.
32) Tiene cinco ruedas.
33) Hay llantas en las ruedas.
34) Ponemos aire en las llantas.
35) Está en el baúl.
36) Echo (el) agua en el radiador.
37) Sí, lo lavo todas las semanas.
38) Sí, a mí me gusta lavarlo.

<회화 제 7 과>

1) El cartero acaba de dejar dos cartas.
2) Son para Victoria.
3) Una es de Josefina Suárez.
4) La otra es de la señora Isabel Martín de Valdés.
5) Ella vive en San Luis.
6) Es el 3 de junio de mil novecientos ochenta y cuatro.
7) Le escribe a Victoria para invitarla a pasar con ellos esos días.
8) Sus sobrinos van a visitarla.

9) Cerca de su casa hay campos de tenis y de golf.
10) Sí, ellos viven en la misma parte de la ciudad.
11) Ella puede hacerlo en tren, en autobús, o en avión.
12) Ella está encantada.
13) Sí, puede aceptarla.
14) Quiere hacer la maleta en seguida.
15) Dice—¡Pero, hija, no te vas hoy! ¿No sabes todo lo que tienes que hacer? ¿Está limpia toda tu ropa? ¿Qué vestidos vas a llevar? ¿Qué blusas? ¿Qué otras cosas necesitas llevar? ¿Sabes el horario de aviones? Y antes que todo, tienes que escribirle a la señora Valdés que aceptas su amable invitación.

「몬테 아르반의 묘에서 출토된 15세기 사포테카 문화의 황금 펜던트

역저자 : 윤석영

한국외국어대학교 스페인어과 졸업
콜롬비아 Caro y Cuervo대학원 졸업
한국외국어대학교 대학원 박사
공보부 · 문화공보부 근무
한국외국어대학, 동국대학교 강사
아르헨티나 Salvador대학교 교수
KBS 라디오 스페인어 담당 강사
제18회 외무고등고시 위원
한국외국어대학교 및 동통역대학원 스페인어과 교수
서울대학교 인문대학 강사

기초 스페인어 회화

1판 1쇄 찍음 • 1985년 7월 1일
1판 4쇄 펴냄 • 2007년 8월 25일

저 자 • 윤 석 영
발행인 • 정 현 걸
발 행 • 신 아 사
인 쇄 • 현대인쇄

출판등록 • 1956년 1월 5일 (제9-52호)
서울특별시 은평구 녹번동 28-36번지 2F
전화 (02)382-6411 • 팩스 (02)382-6401
홈페이지 • www.shinasa.co.kr
E-mail • shinasa@chol.com

ISBN 978-89-8396-578-3

정가 *11,000*원